〈말씀과 언약 소책자 시리즈 3〉

변증 목화: 그 가능성과 실제

변증 목회:
그 가능성과 실제

출판일 · 2023년 3월 23일
지은이 · 이승구
펴낸이 · 김현숙
편집인 · 윤효배
펴낸곳 · 도서출판 **말씀과 언약**
　　　　서울시 서초구 동산로6길 19, 302호
　　　　T_010-8883-0516
디자인 · Yoon & Lee Design

ISBN : 979-11-979284-4-4　93230

가격 : 8,000원

〈말씀과 언약 소책자 시리즈 3〉

변증 목회:

그 가능성과 실제

이승구

도서출판 말씀과 언약

2023

An Apologetical Pastoral Care?

The Promise and Practice of Apologetic Pastoral Care

by

Seung—Goo Lee

Verbi Dei Minister

MA. (Seoul), Div. (Hapshin), M. Phil., Ph. D. (St. Andrews)

Professor of Systematic Theology

Hapdong Theological Seminary

Seoul

The Word and the Covenant Press

2023

차 례

오늘날 목회가 나아가야 할 방향의 하나로 "변증 목회"라는 새로운 범주를 언급한 이유는 무엇보다도 이 일이 상당히 필요한 일이라고 여겨서이다. "변증 목회"란 기독교에 대한 오해와 의도적 왜곡이 만연한 사회 속에서 기독교의 본래적 의미를 잘 제시하는 결과를 내는 목회를 의미한다. 그러므로 변증 목회란 다양한 의미를 지닌 목회 전체를 지칭하는 말이다. 사실 기독교 역사 속에는 이에 해당할 만한 여러 시도들이 있었다고 할 수 있다.

I.

역사 속의 변증 목회?

초대 기독교 상황에서는 기독교에 대한 이런저런 오해가 있을 때에 기독교는 많은 사람들이 오해하는 그런 것이 아니라는 것을 강력하게 드러내고자 하는 소위 변증가들 (Apologists)의 노력이 있었다. 기독교에 대한 다양한 오해들을 반박하면서 기독교가 얼마나 고귀하며 숭고하고 높은 것이며, 그리스도인들은 진리를 추구하고, 매우 윤리적이며, 사회를 유지시키고 발전시키는 일에 큰 기여를 하는 사람들이라는 것을 드러내던 이 변증가들의 작업을 변증 목회의 최초의 시도라고 언급해 볼 수 있을 것이다.

그 후에 기독교를 이상하게 해석하여 제시하는 다양한 이단들에 대해서 그런 이단적 제시는 기독교의 본래의 모습이 아니라고 이단들을 비판하면서 기독교가 믿는 바와 사는 방식에 대해서 바른 성경적 입장을 제시하려고 노력하던 교부들의 노력도 변증 목회의 또 다른 유형을 보여 준다고 할 수 있다. 구원을 영원토록 영혼으로만 존재하는 형태의 구원으로 이해하고 제시하는 나름의 영적 사상인 영지주의(靈智主義, Gnosticism)가 왜 진정한 기독교가 아닌지를 잘 드러내면서 진정한 기독교는 영혼뿐만 아니라 몸의 부활을 강조하며 영혼뿐만 아니라 몸도 고귀하고 중요한 것으로 여기는 바른 창조신학을 가지고 있음을 잘 강조하여 낸 교부들의 노력은 변증 목회가 가야 할 바른 방향을 잘 드러낸 것이라고 할 수 있다.

또한 성경 전부를 하나님의 말씀으로 받아들이지 않고 나름대로 몇 권을 받아들이면서 자신의 독특한 하나님 이해를 제시하던 마르시온(Marcion)의 문제점을 잘 드러내면서 진정한 기독교는 성경 전부를 받아들이고, 성경 전부에 근거한 하나님 이해를 바로 가져야 한다는 것을 드러낸 교부들의 노력도 역시 바람직한 변증 목회의 모습을 잘 드러내어 준다.

특히 교회가 환란과 핍박을 지낸 후에 그 환란 가운데서 신앙을 순결하게 지켜낸 사역자들만을 인정하면서 교회의 순수성을 지나치게 강조하던 도나티스트주의자들에 반해서 이 땅의 교회가 순결하고 순수한 방향으로 나아가야 하지만 동시에 이 땅의 교회는 일종의 "혼합된 공동체"(mixed community)이어서 우리 주 예수 그리스도의 재림 때에야 온전하게 될 것이라는 것을 잘 지적하고 드러낸 어거스틴(Augustine)의 교회론적 논의나 사람이 하나님의 뜻을 행함으로 구원을 받는다고 주장하던 펠라기우스의 사상에 대립하여 성경의 가르침에 근거해서 타락한 인간이 그 스스로의 노력으로 구원받을 길이 없고 오직 하나님의 은혜로만 구원이 가능하다는 것을 매우 강조한 어거스틴의 구원론적인 논의도 이런 변증 목회의 전형을 보여준다고 할 수 있다. 특히, "그의 『신의 도성』(Civitas Dei)은 초기 기독교 변증 역사가 반드시 이 책으로 마쳐져야만 할 정도로 그 이전의 모든 것을 아주 잘 종합한" 것이라는 미로슬라프 펠리칸 교수의 말은 매우 정확한 것이다.[1]

    그런 뜻에서 보면 중세의 천주교회가 그리스도의 십자가 구속을 강조하면서도 성경적 구원 이해에서 벗어나 그리스도의 십자가 구속만으로 사람이 죽은 후에 곧바로 "하늘"(heaven)에 속하는 것이 아니라, 십자가를 믿는 사람이 하나님의 은혜에 근거해서 어느 정도의 선행

---

[1] Jarolav Pelikan, *The Christian Tradition: A History of the Development of Doctrine*, vol. 1: *The Emergence of the Catholic Tradition [100–600]* (Chicago & London: The University of Chicago Press, 1971), 293. 그는 또한 이교의 운명론(결정론)과 기독교의 예정론의 차이를 잘 드러낸 것이 신의 도성의 한 부분의 역할이라는 것도 잘 지적한다(297).

을 행하여 예수님께서 십자가에서 이루신 구원적 공로에 더하여 어떤 공로적 행위가 어느 정도는 있어야만 곧바로 "하늘"에 이르게 되고, 그렇지 못한 그리스도인들은 "연옥"(purgatory)에서의 일정 기간의 "영혼의 정화 과정"을 통해서 비로소 "하늘"에 속하게 된다는 천주교회의 가르침이 "반쯤은 펠라기우스주의적인 사상"(semi-Pelagianism)이라고 지적하면서 성경이 말하는 "오직 그리스도"(Solus Christus)의 공로에 근거한 "오직 은혜"(sola gratia)로만 이루어지는 구원, 따라서 "오직 믿음"(sola fide)으로만 구원이 이루어진다는 것을 "오직 성경"(sola scriptura)에 근거해서 가르치고, 그렇게 "오직 믿음"(sola fide)으로만 의롭다 함을 받은 사람들은 "오직 하나님의 영광"을 위해 구원된 것이니 역시 "오직 하나님의 영광"을(Soli Deo Gloria) 위해 열심히 사는 성화의 삶으로 나아간다는 것을 잘 드러내면서 성경적 복음 이해를 잘 드러낸 개혁자들의 노력도 역시 변증 목회의 대표적인 예라고 할 수 있다.

언제든지 바른 기독교를 위해 애쓴 사람들, 예를 들어서 아타나시우스(Athanasius)와 같은 소위 정통주의의 투사들은 항상 이런저런 형태의 변증 목회를 하였다고 할 수 있다. 전문적으로 변증학을 한 사람들은 특별히 이를 위한 작업을 하였지만, 그것이 18세기 이후와 같이 전문가들의 논의로 자꾸 전문화되면서, 매우 반어적(反語的)으로 교회나 이 세상과는 거리가 멀어지고 소위 학계(academia)에서만 논의되는 결과를 내고 만다. 그리하여 아주 반어적(反語的)이게도 그런 학문적 변증학은 변증 목회와는 거리가 멀어지게 되었다. 사실 학문으로서의 변증학은 정확히 따져 볼 때 잘못된 방향을 나간 일이 많이 있었다. 그래서 코넬리우스 반틸 같은 분은 그런 잘못된 변증학에 대해 처음부터 끝까지 안타까운 마음의 저항을 하였다고 할 수 있다.

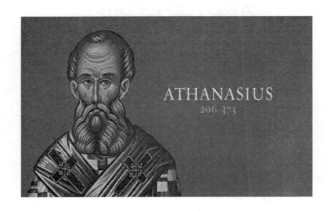

II.

20세기 후반의 대표적

변증 목회자들을 보내면서

20세기에는 수없이 많은 변증가들이 있었다. 2020년과 2021년에 그들의 사후 100년을 기념했던 아브라함 카이퍼(1837-1920), 헤르만 바빙크(1854-1921), 워필드(1851-1921)를 비롯해서, 게할더스 보스(1862-1949)와 그레스햄 메이천(John Gresham Machen, 1881-1937), 그리고 본격적 개혁파 변증학자였던 코넬리우스 반틸(1895-1987), 또 약간 다른 성격의 영국 변증가 루이스(Clive Staples Lewis, 1898-1963) 등 수많은 분들이 귀한 사역을 하였다.

이 모든 분들을 다 다룰 수 없기에 이 장에서는 20세기 후반의 대표적인 변증적 목회자라고 할 수 있고 얼마 전에 하나님 품에 안긴 세 분만을 논의해 보려고 한다. 즉, (1) 20세기 후반의 대표적인 변증 목회자들로 미국인으로 스위스를 중심으로 유럽에서 젊은이들에 대한 변증 활동을 펼쳤던 프란시스 쉐퍼와 (2) 영국 성공회의 목회자로서 런던 중심부에서 목회한 그러나 세계인들을 품고 사역하던 변증적 목회자였다고 할 수 있는 존 스토트, 그리고 (3) 역시 영국 출신의 성공회 신학자로 북미에서 신학적으로 변증적 활동을 했던 제임스 패커를 하나님께로 보내면서, 그들의 사역과 변증 목회에 대해서 우리들이 생각하는 바를 제시해 보기로 한다.

1. 20세기 변증가인 프란시스 쉐퍼와 그의 교회에 대한 요구

프란시스 쉐퍼(Francis Schaeffer, 1912-1984)는 그야말로 2차 대전 이후의 유럽 젊은이들과 온 세상 젊은이들에게[2] 변증적 작업을 실천한 20세기 후반의 대표적 변증 목회자라고 할 수 있다.[3]

---

[2] 한국 젊은이들에게 미친 쉐퍼의 영향을 보려면 이상원, 『프란시스 쉐퍼의 기독교 변증』(서울: 세상 바로보기, 2021), 특히 viii-x의 추천의 글과 21-55의 쉐퍼 약전; 주도홍, "쉐퍼의 '아름다운' 영성 이해", 「한국개혁신학」 9 (2001):107-30; 주도홍, "프란시스 쉐퍼의 생애와 영성"(https://blog.daum.net/bjc3028/7209639)을 보라.

[3] 그의 기본적 작업은 3부작으로 알려진 『이성으로부터의 도피』, 『거기 계시는 하나님』, 그리고 『거기 계시며 말씀하시는 하나님』에 집약되어 있다고 할 수 있다. 후의 두 책은 기본적으로 코넬리우스 반틸에게서 온 아이디어를 잘 제시한 것이라고 할 수 있으니, 하나님의 존재와 하나님의 계시를 전제로 하는 것이 기독교라는 것을 잘 드러내고 있기 때문이다. 그러므로 내용으로는 반틸이 제시한 것이 더 균형잡힌 것이고 쉐퍼의 모든 논의의 내용이라고 할 수 있다. 반틸에게서 배운 쉐퍼가 한편으로는 반틸을 따르면서도 또한 반틸의 전제주의(presuppositionalism)와 증거주의(evidentialism) 중간의 상당히 다른 변증 방법을 사용하는 것이(Schaeffer, "A Review of a Review," *The Bible Today* (October 1948), 7-9; Nancy Pearcey, *Total Truth: Liberating Christianity from Its Cultural Captivity* [Wheaton, IL: Crossway Books, 2004], 453) 안타깝고, 반틸과 쉐퍼의 변증을 잘 살피면서 비교하는 것이 우리들의 큰 과제임을 생각하게 된다.

이 문제를 비롯하여 반틸에 대한 정확한 이해를 위해서 이승구, 『코넬리우스 반틸』(서울: 살림, 2007)을 보라. 다른 논의로 Thomas V. Morris, *Francis Schaeffer's Apologetics: A Critique* (Grand Rapids: Baker Book House, 1987); 그리고 두 사람 모두를 잘 아는 에드가의 비교 작업으로는 William Edgar, "Two Christian Warriors:

독일계 이민자의 자녀로 1912년 1월 30일에 필라 델피아의 '저먼 타운'(German town)에서 태어난 프란시스 쉐퍼는4 가난한 가정에서 여러 일을 하면서 자유주의적 성향의 제일 장로교회에 출석하면서 회의주의자가 되었다가, 기독교에 공평하기 위해서 17세 되는 1930년에 6개월에 걸쳐서 성경을 통독하고 그 과정 중에 그리스도인이 되었고,5 평생 이렇게 6개월에 한 번씩 성경을 통독하였다고 한다.6 또한 이때 마약과 범죄 때문에 옥에 갔다 변화하여 "걸어 다니는 성경"이라는 별명을 가졌던 안토니 지올리(Anthony Zeoli)의 저먼 타운 천막 집회에서의 간증을 듣고 자신의 전 생애를 주님께 드리기로 결단했다고 한다.7 그러나 아버지와의 관계를 염려한 그는 일단 주간에는 여러 일들을 하면서 드렉셀 전문학교 야간

Cornelius Van Til and Francis A. Schaeffer Compared," *Westminster Theological Journal* 57/1 (1995): 57-80을 보라.

4 그의 생애에 대한 기본적 정보는 특별한 언급하지 않는 한 Barry Hankins, *Francis Schaeffer and the Shaping of Evangelical America* (Grand Rapids: Eerdmans, 2008); Colin Colin Duriez, *Francis Schaeffer, An Authentic Life* (Wheaton, IL: Crossway Books, 2008) 등의 책에서 온 것임을 밝힌다.

5 Edith Schaeffer, *The Tapestry* (Waco, TX: Word Books, 1981), 51-52를 인용하는 Jerram Barrs, "Francis Schaeffer: The Man and His Message," *Reformation 21*, The Online Magazine of the Alliance of Confessing Evangelicals (November 2006), available at: https://www.covenantseminary.edu/francis-schaeffer-the-man-and-his-message/

6 이상원, 『프란시스 쉐퍼의 기독교 변증』, 24.

7 이상원, 『프란시스 쉐퍼의 기독교 변증』, 25.

부에 다녔다. 그 후에 센트랄 고등학교 야간부로 옮겨 라틴어와 독일어를 집중적으로 공부했다.

1931년 여름에 버지니아 주의 유니온 신학교의 예비과정으로 여겨졌던 햄프턴-시드니 대학 (Hampden-Sydney College)에 입학했다. 집안 형편 때문에 아버지가 거절할까 봐 걱정하는 그에게 놀랍게도 아버지는 축복하여 주었다고 한다. 여기서 철학을 전공하고 '마그나 쿰 라우데'(Magna cum laude)로 대학을 졸업했다. 대학 졸업 후인 1935년에 중국 내지 선교회 선교사의 따님인 에디뜨 세빌(Edith Seville)과 결혼하고, 집에서 가까운 웨스트민스터 신학교에 입학하였다(1935).[8] 그러나 칼 메킨타이어(Carl McIntire) 등이 분리하여 나가 세운 페이쓰 신학교로 옮겨서 그 학교의 1회 졸업생이 되었고(1938), 이 학교와 연관된 성경장로교회에 속하여 임직한다. 그로브 사팅의 언약 교회에서 3년간 목회하고, 체스터 시, 세인트 루이스(1943-1947) 등지에서 목회를 하다가 교단 해외 선교 독립 위원회에서 전후 유럽교회의 실상을 파악하라는 위임을 받고 1947년 7월에서 9월에 유럽 3개국을 방문한다.[9] 그러다 1948년 ICCC에 교단 대표로 참석

---

8 왜 웨스트민스터였을까? 아마도 데이트하던 때에 이디뜨와 함께 읽었던 『기독교와 자유주의』(Christianity and Liberalism)를 쓴 메이천이 주동되어 세운 학교라는 것이 큰 동기이기도 하였을 것이고, 그가 태어난 저먼 타운과 아주 가까운 곳에 있는 학교라는 것도 작용했을 것이다.

하고 유럽 장기 체류 선교사가 되어 달라는 교단의 요청을 받아들여 스위스 로잔(Lausanne)으로 갔다. 한동안 로잔에 머물면서 여러 강연을 하던 쉐퍼 가족은 1949년 말에 상페리의 한 산장으로 거주지를 옮기고, 그곳 건조창고에서 그가 자신의 책『진정한 영적 생활』에서 묘사한 하나님의 실재를 더 확신하는 경험을 하였다. 그리고 1950년에 성탄 전야에 설교한 것이 계기가 되어 점차 방문객들이 그의 신장에 와서 같이 논의하는 일이 시작되었다.[10]

1953년에 안식년으로 미국에 와서 한 강연에서 그가 성경장로교회에 대해 비판적으로 한 언급 때문에 성경장로교회는 미온적인 태도를 나타냈고,[11] 결국 자비로 유럽 사역을 계속하기로 한 쉐퍼의 가족들은 기도만 하면서 여행 경비가 채워지기를 기다렸고 주께서 응답해 주신 것을 확인하고서 다시 유럽으로 갔다. 그런데 상페리가 천주교 주(州)에 속해 있었기에, 지역 주민들의 신고 때문에 1955년 3월 31일까지 스위스를 떠나라는 추방 조치를 받게 된다.[12] 이 문제에 대해서도 역시 하나님께 기도만 하기로 결단하고,[13] 이 문제와 위에모(Hoemos)라는

9 이상원, 『프란시스 쉐퍼의 기독교 변증』, 35.
10 Cf. 이상원, 『프란시스 쉐퍼의 기독교 변증』, 43.
11 이상원, 『프란시스 쉐퍼의 기독교 변증』, 44.
12 이상원, 『프란시스 쉐퍼의 기독교 변증』, 45.

작은 마을에 있는 레 멜레주(Les Melezes, 낙엽송)라는 이름의 산장을 구할 수 있도록 기도하였고, 이런 저런 경로를 통해서 1955년 6월 21일에 추방 명령을 무효화시키고 체류 허가를 받았다고 한다.[14]

라브리 사역도 자연스럽게 진행되었으니 당시 로잔 대학교에서 공부하기 시작한 큰 딸 프리실라 쉐퍼가 그 학교 학생들을, (그들이 다시 스위스로 올 때에 영적인 위기를 만난 사람들의 피난처가 되기를 원한다는 뜻으로 정한 명칭인) "라브리"(L' Abri, "피난처")로 초대한 것을 시작으로 대학생들이 모여들기 시작했고 이것이 전 세계적 유인이 되었다.[15]

여기서 인생이 변한 사람들 중에 영국인으로 옥스퍼드에서 피터 버거에 대한 논문으로 학위를(1981) 한 후 미국서

---

13 이디프 쉐퍼, 『이디스 쉐퍼의 라브리 이야기』, 양혜원 옮김 (서울: 홍성사, 2001), 108; 이상원, 『프란시스 쉐퍼의 기독교 변증』, 46.

14 이상원, 『프란시스 쉐퍼의 기독교 변증』, 47.

15 이상원, 『프란시스 쉐퍼의 기독교 변증』, 48.

다양한 사회적 변증 활동을 하는 오스 기니스(Os Guiness), 16 독일서 음악 공부 중에 방문했던 낸시 피어시(Nancy Pearcey), 선불교를 믿던 17세 학생으로 라브리에 왔다가 소위 말벌 사건으로 개종하고 프랑스 선교사가 된 마크 멜루(Marc Mallioux), 하바드에서 음악을 전공하고 해롤드 브라운의 소개로 이곳에 왔다가 결국 웨스트민스터에서 신학을 공부하여 대표적 변증학자가 된 윌리엄 에드가 (William Edgar) 등을 들 수 있다. 17

1973년 미국 연방 대법원이 낙태 허용판결 때문에 이 문제들에 대한 이론적, 18 실천적 행동도 열심히 하던 쉐퍼는 1978년에 임파선 암 진단을 받고도, 19 여러 활동을 하다가 1983년 낙태수술에 항의하는 피켓 행렬에 참여한 후 쓰러져서 몇 주 후에 무의식 상태에서 미국으로 이송되어, 1984년에 수술을 받고 조금 후에 소개할 "위기에 처한 복음주의"를 쓰고 혈관 주사를 맞고 일곱 주간의 마지막 강연 여행을 하고, 1984년 5월 15일에 미네소타 주의 로체스터(Rochester, Minnesota)에서 하나님의

---

16 오스 기니스에 대해서 특히 데이비드 웰즈와 함께 런던대학교 신학부에서 신학사(B. D.) 과정을 한 것 등에 대해서 이승구, 『데이비드 웰스와 함께 하는 하루』(서울: 말씀과 언약, 2021), 14-15를 보라.

17 Cf. 이상원, 『프란시스 쉐퍼의 기독교 변증』, 48-49.

18 이에 대한 대표적인 작업이 *Whatever happens to Human Race*, 『낙태, 영아살해, 안락사에 대한 그리스도인의 자세』이다.

19 이상원, 『프란시스 쉐퍼의 기독교 변증』, 54.

품에 안기었다.[20]

　여기서는 쉐퍼의 거의 마지막 글이라고 할 수 있
는 "큰 위기를 맞은 복음주의"(*The Great Evangelical
Disaster*)를 통해서 쉐퍼가 우리들에게 주고 있는 도전을
검토해 보려고 한다.

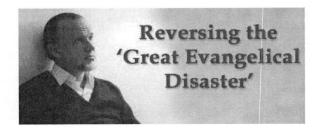

---

　[20] Duriez, *Francis Schaeffer, An Authentic Life*, 210; 이상
원, 『프란시스 쉐퍼의 기독교 변증』, 55.

(1) 위기 속에서 복음주의 교회와 복음주의자들은 과연 어떻게 해야 하는가?

오늘날 거의 모든 사람들은 우리가 지금 위기의 시대에 살고 있다고 인정한다. 그런 위기 속에서 그 위기를 잘 지적하는 우리들조차 그 역할을 할 수 없게 된다면 그것은 얼마나 큰 위기요 재난일까? 바로 이런 점을 잘 의식하면서 이 세상에서 그래도 성경적 복음을 드러내고 살며 전하는 사람들이던 복음주의자들조차도 이제는 실질적으로 그와 같은 역할을 할 수 없게 되었다는 문제의식에 가득 찬 반성이 프란시스 쉐퍼에 의해서 그가 이 땅에서 보낸 마지막 해인 1984년에 우리에게 들려진 바 있다.[21] 이는 "복음주의의 대재난"(*The Great Evangelical Disaster*)에 대한 지적일 뿐만 아니라, 결국 세상의 대재난에 대한 의식과 경고의 나팔소리였다. 쉐퍼 자신은 이 책에서 자신이 말하고 있는 바가 "자신의 진술들 가운데서 **가장 중요한 진술**"이라고 말한다(304). 그러므로 쉐퍼가

---

21 그것이 이 글이 주로 분석하고 그에 대응하려고 하는 Francis A. Schaeffer, *The Great Evangelical Disaster* (1984), in *A Complete Works of Francis A. Schaeffer: A Christian World View*, vol. 4: *A Christian View of the Church* (Wheaton, Ill.: Crossway Books, 1985): 301-424이다. 이하 이 책으로부터의 인용은 본문 가운데 ( ) 안에 밝히기로 한다.

이런 경고를 발한 후 지난 40여 년 동안 우리들이 과연 이런 경고와 비판을 겸허하게 들었는지를 깊이 반성해야 한다.[22]

A. 위기에 대한 정확한 인식

1920년대부터 1980년대까지의 미국 사회를 바라보면서 쉐퍼는 이 시기에 대한 「타임」지(*Time*)의 평가에 동의하면서 법, 정부, 학교, 지역, 사회, 가정 모두에서 **"우리의 문화가 파괴되고 상실되었다"**고 평가한다(307).[23] 도덕적 붕괴(a moral breakdown)라고 표현하는 것조차 너무 연약하게 표현한 것이라고 할 정도로 **미국 사회 전체가 파괴되었다**고 말한다.[24] 그리고 그 모든 사건의 배후에는 **"절대적인 의미의 자유"라**는 시대정신이 도사리고 있다고 진술한다. 모든 제한으로부터 전적으로 자유로우려고 하

---

[22] 쉐퍼의 1984년의 분석과 함께, 그로부터 한 10년 후인 1993년부터 시작해서 2015년에 이르는 동안 출간한 5권의 책으로 미국 사회와 미국 복음주의를 반성한 데이비드 웰스의 작업을 연관해서 볼 필요가 있을 것이다. Cf. 이승구, 『데이비드 웰스와 함께 하는 하루』(서울: 말씀과 언약, 2021).

[23] Schaeffer, *The Great Evangelical Disaster*, 307, 강조점은 덧붙인 것임.

[24] 이런 입장에서 보았을 오늘날 한국 사회를 어떻게 보고 평가해야 할지를 생각해 보라. 특히 동성애 문제를 비롯한 우리 사회의 근자의 움직임과 그 배후 사상을 잘 관찰해야 한다.

며, 우리 자신의 개인적 자율을 얽어맬 수 있는 모든 것을 내던져 버리려는 하는 정신이 작용하고 있다는 것이다(308, 317). 그리하여 사람들은 절대적인 것을 제거하고, 도덕적 선과 악의 문제에 이르기까지 모든 것을 상대화시키고 있다.[25] 그런데 그것은 결국 "하나님과 그의 법에 대한 직접적이고도 의도적인 반역의 시도"(a direct and deliberate rebellion against God and his law)라고 쉐퍼는 지적한다(308). "하나님의 진리와 하나님의 말씀의 계시에 대한 의도적인 반역" 때문에 이와 같은 "기독교-이후 문화"(post-Christian culture) 현상이 나타나게 되었다(317). 이전에는 성경적 의견의 일치(biblical consensus)와 기독교적 정신(Christian ethos)에 근거해 있던 자유가 이제는 자율적인 자유가 되어 버렸고, 모든 구속을 벗어 버리게 되었다(309, 331). 이를 쉐퍼는 (세속적) 인간주의(humanism), 또는 "우리 시대의 세속주의적 정신"(the secularist mentality of the day)이라고 부른다(379).

B. 위기의 근본적 원인에 대한 분석

---

[25] 쉐퍼가 1984년에 이렇게 말하였는데, 이 문제는 포스트모던주의를 강조하는 오늘날에 훨씬 더하다. Cf. 이승구, 『광장의 신학』(수원: 합신대학원 출판부, 2010), 348-67, 특히 355-60을 보라.

그런데 더 큰 문제는 그리스도인들이라고 하는 사람들 가운데서 상당수는 우리가 감당해야 하는 영적, 문화적 전쟁을 이해하고 있지 못하다는 데에 있다(310, 317, 320). 복음주의 세계가 진리를 위해 서지 못하고, 오히려 복음주의 교회조차도 시대정신에 적응(accommodation)해 버린 것이 문제의 핵심이다.

예를 들어서, 복음주의자들 가운데 일부 사람들은 성경의 무오성에 대한 자신들의 견해를 수정하여 결국 성경의 온전한 권위를 드러내는 일에서 실패하고 있다. 그런데 처음에는 조금의 차이로 보이던 것이 결국은 상당한 차이를 만들어 낸다. 마치 알프스의 같은 지역의 눈의 일부는 녹아 독일을 거쳐 북해로 가고, 바로 옆의 눈은 녹아 프랑스를 거쳐 지중해로 흘러가는 큰 차이를 만드는 것처럼 말이다(327f.). **"성경의 온전한 권위에 대한 양보는 결국 신학적으로 기독교적인 것이 무엇을 의미하는가 하는 것에 영향을 미치고, 우리의 삶 전반에서 어떻게 사는가 하는 것에 영향을 미친다"**(328). 지금은 심지어 복음주의자들이라고 하는 사람들 가운데서도 "나는 그리스도인인데, 성경을 무오한 것으로 여기지는 않는다"고 말하는 "믿을 수 없는 괴이한"(incredible) 일들이 나타나고 있다(329). 그리하여 복음주의 자체가 아주 심각하게 나누어졌다(329). **여기에 복음주의의 대재난이 있**

다. 그러나 문제는 나누어짐에 있는 것이 아니라, 성경을 온전한 하나님의 말씀으로, 무오한 것으로, 절대적인 것으로 믿지 않는 데에 있는 것이다.

성경에 대해서 절대적 태도를 가지지 않고, '성경이 말하는 모든 것이 다 계시적인 것이 아니고, 역사나 우주에 대해서 말하는 것은 제외하고 종교적인 주제에 대해서 말할 때만 성경은 계시적이라고'(332, 333) 보는 '절충하고 양보하는 성경관'을 가진 사람들이 점증하고 있다. 소위 복음주의 학자라고 하는 사람들이 예수님의 탄생 이야기 중 일부는 복음서 기자가 창작한 것이라는 뉘앙스의 말을 하며, 소위 복음주의 신학교들에서도 성경을 연구할 때 고등 비평적 방법(higher-critical methods)을 사용하는 일이 늘고 있다(347, 361). 그런 입장을 가진 사람들 중의 일부는 자신들은 "성경 안에 있는 온갖 잘못들에도 불구하고 성경을 믿는다"고 표현하기도 한다 (338f.).

이런 태도가 확장되어 복음주의자들 중 일부에서는 성경이 이혼을 절대적으로 금하고 있는 것도 그 당시의 문화를 반영하는 것이지, 이혼과 다시 결혼하는 것 자체가 절대적으로 금해져야만 하는 것은 아니라는 주장이 나오기도 하고(339f., 342), 가정과 교회의 질서에 대한 성경의 가르침도 당시의 문화를 반영하는 것으로 여겨지는 일도 많이 있다(340). 이처럼 어떤 사람의 성경관은 그의 생명관과 나란히 간다는 것이 쉐퍼의 여러 번 거듭되는 주장이다(341f., 345f., 373, 377). **성경에 대한 고등한 견해를 양보하고 절충하는 것은 인간 생명에 대한 고등한 견해를 양보하고 절충하는 것과 같이 간다**는 것이다(373).[26]

또한 상당수의 복음주의자들이 하나님 나라를 사회주의적 프로그램과 혼동하고 있다(379, 382). 그러나 이것 역시도 우리를 둘러싸고 있는 세계정신에 적응하는 것임에 분명하다고 쉐퍼는 지적한다(379, 382). 그는 이를 "복음주의의 사회주의적 정신에 대한 적응"(evangelical accommodation to the socialist mentality)이라고 표현하기도 한다(381). 쉐퍼 자신은 사회적 행동을 위한 복음주의자들(Evangelicals for Social Action)의 사역과 사회적 전략과, 그들의 사회에 대한 비판에서 그런 현저한 예를 발견한다고 말한다.[27] 오늘날 일부 복음주의자들은 불의한 사회 구조가 악의 원천이고, 따라서 우리는 이를 제거하기 위해 최선의 노력을 기울여야 한다고 하면서 강조점을 교

---

[26] Cf. "A lowered view of life and a lowered view of Scripture go hand-in-hand"(373).

[27] Russ Williams, "Spotlight: Evangelicals for Social Action," *Evangelical Newsletter*, 1982년 10월 15일자, 4를 인용하고 있는 Schaeffer, *The Great Evangelical Disaster*, 379f.

묘하게 돌려놓고 있다는 것이다.

특히 학문 분야에서 복음주의자들이 제대로 사명을 감당하고 있지 못하다는 것이 쉐퍼의 평가이다. 젊은 복음주의자들이 좋은 대학과 대학원에서 학문을 한 것까지는 좋은데, 그 과정에서 복음주의적 기독교적 관점을 그 학문 분과의 세속주의적 사고와 우리 시대의 정신에 적응시켜 버리는 일이 발생했다(385).[28] 그리고 이런 이들이 다시 복음주의적 대학으로 돌아와 가르치게 되자 그들의 강의에서는 독특하게 기독교적인 것이 거의 없게 되었다(385). 이런 것이 복음주의의 큰 재난의 한 국면이다.

이와 함께 참된 그리스도인들 사이의 형제들로서의 따뜻한 사랑과 교제가 사라져 버린 것 또한 심각한 문제이다. 복음주의자들 가운데서 성경에 충실하지 않은 사람들이 있게 되고, 또한 성경에 충실한 사람들도 1930년대 이후로 자유주의자들이 교권을 잡게 된 교단에 속해 있을 것이냐 떠날 것이냐의 문제로 나뉜 후에 진정한 그리스도인들 사이의 **가시적인 사랑의 나눔**이 사라지게

---

[28] 심리학을 전공하는 사람에게서 일어난 이 과정의 한 예로 쉐퍼는 "Wolf in the Fold," in William Kirk Kilpatrick, *Psychological Seduction* (Nashville: Thomas Nelson, 1983), 13-27을 언급한다(422, n. 12).

신학 분야에는 많은 예를 언급할 수 있지만 Peter Enns의 예를 언급할 만하다. Cf. 『우리 이웃의 신학들』 (서울: 나눔과 섬김, 2014), 234-66.

되었다(351). 교단을 떠나 새로운 교단을 형성한 사람들의 글에 자유주의 문제보다도 자유주의에 동의하지 않으면서도 여전히 이전 교단에 남아 있는 사람들을 비판하는 일이 많아지고, 심지어 그들과는 같이 기도도 하지 않으려고 하며, 모든 종류의 형제로서의 교제를 하지 않으려고 하는 것들도 문제다(351). 여기에 근본적 문제가 있다. 모두가 그 나름의 방식으로 육체를 따라가고 이기주의적이 되어 버렸다(352). 이것이 우리 시대의 비극적 오류(tragic error)다(352).

C. "진리를 위한 급진주의자들"이 되라는 쉐퍼의 급진적 도전

그러므로 이 모든 위기, 이 재난 가운데서 쉐퍼는 해결책으로 처음부터 아주 분명하고 단호한 제안을 한다. 우리는 "그리스도께 헌신되어 있고, 진리에 근거해 있으며, 복음에 뿌리를 내리고 있는 삶"을 살아야만 한다는 것이다(312). 이 단순해 보이는 제안을 쉐퍼는 "진리를 위한 급진주의자들"(radicals for the Truth)이 되는 것이라고 말하기도 한다(409). 그것은 우리 시대의 시대정신에 대항하고 대립하는 것이다. 진리는 대립을 요구한다(Truth *demands* confrontation, 343). 비록 "사랑하는 마음으로 대립하는 것"(loving confrontation)이긴 하지만, 대립은 대립이다(320, 343, 347, 373, 382, 385).

첫째로 그리고 종국적으로, "**우리 시대에 분수령은 성경에 대한 문제이다**"(333). 그러므로 우리는 아주 강한 양보하지 않는 성경관을 가져야만 한다. 그것만이 성경이 자체에 대해서 말하는 바와 그리스도께서 성경에 대해서 말하는 바와 교회가 계속해서 일관성 있게 견지한 바에 충실한 유일한 길이기 때문이며(329), 성경에 대한 강한 견해를 토대로 삼지 못하면 앞으로 닥쳐올 어려운 시대를 감당해 나갈 수 없기 때문이다(330).

또한 강한 성경관을 가진 복음주의자들은 성경이 주변 문화에 일치하게끔 해석해서는 안 되고, 오히려 우리의 문화가 항상 성경에 의해 평가되어야 한다고 주장하고 그런 작업을 해야만 한다(337, 340).

그렇다면 우리는 이 위기 상황 가운데서 구체적으로 어떻게 해야 할까? 성경의 하나님을 참으로 사랑하는 그리스도인이려면 우리는 (1) 눈에 보이는 교회의 순수성을 실제로 주장해야 하고(347, 359), (2) 모든 참된 그리스도인들 사이의 눈에 보이는 사랑을 실천해야 한다(347). 따라서 진정한 구별은 살아계신 하나님께 경배하여 하나님의 무오한 말씀의 문자적이고 명제적 의사 전달을 존중하는 사람들과 그리하지 않는 사람들 사이에 있어야 한다(353, 363).

D. 쉐퍼의 분석과 전략에 대한 평가

쉐퍼는 이런 주장이 이 세상에서 어떤 취급을 당할 것인지를 잘 알고 있다. 실제로 그의 이런 주장과 활동에 대해서 "일종의 새로운 근본주의자적 율법주의"(a new sort of fundamentalist legalism)라고 비난하는 글이 복음주의 동료로부터 나온 일도 있다고 그는 말한다(345f., 347).[29] 이와 같은 주장과 활동은 이 시대에 인기 있는 일이 아닌 것임에 틀림없다. 그러나 이런 분수령을 분명히 하지 않는다면, 우리는 결국 우리가 주장하는 모든 것 – 성경, 기독교, 성경의 하나님을 모두 다 잃게 될 것이다. 그러므로 쉐퍼의 진단과 대안 제시는 매우 강력하고 중요하다. 특히 복음주의권에서 명제적 진리를 포기하려는 시

---

29 성경의 온전한 권위를 주장하는 사람들을 "근본주의자적 맹목주의자들"(Fundamentalist obscurantists)이라고 부르는 대표적인 예로 쉐퍼는 Bernard Ramm, *Beyond Fundamentalism: The Future of Evangelical Theology* (San Francisco: Harper and Row, 1983), 특히 19-22, 그리고 43, 44를 언급하고 있다(419, n. 1).

도가 많은 오늘날의 상황에서 쉐퍼가 명제적 진리에 대한 강조를 하는 것은 매우 중요하다.

또한 성경이 문화의 영향 하에서 형성되었음을 강조하면서 성경의 절대적 메시지를 약화시키는 경향을 강하게 비판한 것은 매우 중요한 일이다. 지금도 성경 안에서 강하게 말씀하시는 하나님의 말씀을 잘 듣지 않는 것은 교회를 약화시키고 실질적으로 기독교를 이 세상에서 없애 버리도록 하는 결과를 나타낼 수 있기에 우리는 쉐퍼의 이런 분석과 대안 제시를 존중하는 마음으로 잘 들어야 한다.

그런데 쉐퍼의 말을 다 듣고 난 후에 그렇게 해서 많은 사람들이 실제적으로는 기독교적이지 않음을 드러내는 것이 결국 기독교의 약화를 가져오게 되지 않을까 걱정할 사람들이 있을 것이다. 그러나 우리는 "복음주의자들 가운데 상당수가 성경에 대해 연약한 견해를 가져나간다면, 복음주의가 점점 확산되는 것이 아무 소용없는 일이다."(332, 343)고 주장하는 쉐퍼의 경고를 우리는 의미 깊게 들어야 한다. 그리고 진정으로 모든 그리스도인들이 성경에 충실하게 생각하며, 살게 될 때만 기독교회의 진정한 회복이 있을 것임을 믿고 그 방향으로 나아가야 한다.

이와 동시에 우리는 다음 세 가지를 잊지 말아야
한다. 첫째로, 성경의 진정한 권위를 존중하는 사람들은
성경의 내용을 그 의도에 따라 바르게 해석하며 그 의미
를 찾아가는 일에 힘써야 한다.[30] 성경의 권위를 주장하
는 것만으로는 무의미하다. 그 의미를 잘 파악해 가는 일
에 힘써야 한다.

　　둘째로, 그렇게 발견된 하나님의 말씀에 온전히
헌신하며 순종해야 한다. "주께서 말씀하셨다"는 것을
강조하며 그것의 무오성을 강조하는 우리는 성경의 가르
침 아래서 살아야만 한다(341, 344). 무오성은 신학적 논쟁
의 문제가 아니고, 그 무오한 성경에 순종하는가 하는 것
이 복음주의의 분수령이다(341, 342, 343, 373). "그렇게 하
지 않는다면 우리는 우리가 무오한 성경을 위해 서서 싸
운다고 말할 때 우리가 말하는 바를 실제로는 이해하지
못하는 것이다"(341). 그러나 복음주의자들은 진정으로
성경의 가르침대로 살며 실천하는 사람들이다.

　　셋째로, 이 모든 성경에 대한 연구와 실천은 사랑
의 실천으로 나타나야 한다(333). 우리는 정죄하기 위해서
성경을 공부하고 실천하는 것이 아니고, 진정한 사랑의

---

30 이에 대한 좀 더 구체적 논의로 이승구, "복음주의", 『개혁
신학탐구』 (수원: 합신대학원출판부, 2010), 제 2장과 『성경신학과 조직
신학』 (서울: SFC, 2018)을 보라.

실천자들이 되어야 한다. 절충하는 성경관을 가진 사람들에 대해서도 그들의 영혼을 사랑하는 마음으로 성경의 권위를 절충하거나 양보하지 말도록 학문적으로 권면하고, 성경의 가르침을 잘 따르지 않은 우리 자신과 이웃에 대해서도 사랑 가운데서 주의 자비로 권면해 나가야 한다.

(2) 이 시대에 우리가 강조해야 할 네 가지[31]

프란시스 쉐퍼의 여러 공헌들 가운데 1974년 7월에 스위스 로잔에서 열린 세계 복음화를 위한 국제회의(로잔 대회)에서 중요한 역할을 한 것도 중요한 기여의 하나다. 특히 이 절에서 분석하고 같이 대화해 보려고 하는 《〈두 내용, 두 실재〉》는 로잔 대회에 참석하기를 원하는 모든 사람들에게 대회 주최 측에서 보냈던 프란시스 쉐퍼의 "주제 논문"(position paper)이었다. 이 글에서 우리는 로잔대회

---

31 이 부분은 〈목회와 신학〉 2006년 9월호에 기고했던 글임을 밝힌다. 이 부분이 주로 분석하고 그에 대응하려고 하는 Francis A. Schaeffer, *Two Contents, Two Realities* (1974), in *A Complete Works of Francis A. Schaeffer: A Christian World View*, vol. 3: A Christian View of Spirituality (Westchester, IL: Crossway Books, 1982), 403-27이다. 이하 이 책으로부터의 인용은 본문 가운데 ( ) 안에 밝히기로 한다.

에서 쉐퍼가 무엇을 기대하고, 무엇을 강조하고자 했는지를 알 수 있다. 거의 50년 전에 쉐퍼가 그 시대의 교회를 바라보면서 지적했던 문제는 오늘날에도 의미 있게 숙고되어야 한다는 의미에서 그 내용을 생각해 보기로 하자.

쉐퍼는 우리가 그리스도인들로서 우리 시대의 필요를 충족시키고 우리가 점차 직면하게 되는 점증하는 압력에 바로 맞서기 위해서 절대적으로 필수적인 네 가지 요점이 있다고 처음부터 단도직입적으로 말한다. 그것은 바른 교리(sound doctrine)와 솔직한 질문들에 대한 진솔한 대답들(honest answers to honest questions), 참된 영성(true spirituality), 그리고 인간 관계의 아름다움(the beauty of human relationships)이다(407). 이 중 앞의 두 가지를 '두 가지 내용'이라고 하고, 나중 두 가지를 '두 실재'라고 쉐퍼는 명명한다. 이 네 가지를 우리가 가지고 있을 때 우리는 우리 세대 안에 무엇인가 의미 있는 일이 일어나게 할 수 있다고 한다(422). 이제 우리가 가져야 할 그 네 가지가 과연 무엇인지 하나하나 생각해 보기로 하자.

A. 바른 교리

'바른 교리'(*sound doctrine*)라는 말로서 쉐퍼는 기독교의 중심 요소들에 대한 분명한 교리적 내용을 뜻한다. 이를 언급할 때 그는 우리가 특히 자유주의 신학과 신정통주의 실존주의 신학에 대해 양보하고 절충하는 일을 하지 말아야 한다는 것을 강조한다(407). 물론 그리스도인들 사이에 차이가 있을 수는 있음을 분명히 인정한다. 그러나 그들 모두가 같이 주장하는 중요한 문제들에 대해서는 양보와 절충이 있을 수 없다는 것이다(408).

그런데 쉐퍼가 좀 더 우려하는 것은 이렇게 그가 '복음주의적 실존주의'라고 표현하는 "묻지 말고 믿으라"(Don't ask questions, just believe)는 태도의 융성이다 (408). 이와 같은 태도는 언제나 잘못된 것인데, 특히 현대와 같이 이성적인 것과 비이성적인 것을 명확히 나누고 종교적인 것들을 비종교적인 영역에 위치시키는 일관된 분위기를 지니고 있는 상황에서는 더 잘못되었다고 말한다(408). **묻지 않고 믿는 것이 더 영적이거나 성경적인 것이 아니기** 때문이다(408). 복음이 진리라고 이해하고 믿을 사람은 전인이므로 우리는 지성을 포함한 전인에게 접근해야 한다. 물론 얼마나 많은 내용을 전하고 믿어야 하는가 하는 것은 우리가 복음을 전하고 가르치는 대상에 따라 다를 수 있다(408). 그러나 그 어떤 정황에서도 우리는 **풍성한 내용의** 복음을 전해야만 한다(408).

　　불충분한 내용을 가지고서 하나님을 믿기로 하고, 예수님을 개인적인 구주로 받아들이기로 결단했다고 하는 것은 실상은 믿지 않는 것과 같다는 것을 쉐퍼는 자신의 라브리에서의 경험을 통해서 강조한다(408). 그 한 예로, 세상을 창조하시기 전에 삼위일체의 인격적인 하나님이 계셨다는 것을 이해해야만 예수님을 구주로 받아들이고 믿는다고 할 수 있다고 한다(409). 예수님을 구주로 믿고 구원받는 사람들은 무한하신 인격적인 하나님이 계시며, 사람이 하나님의 형상으로 창조되었기에 가치를 지니며, 사람의 문제는 시간과 공간 안에서 일어난 타락에서 하나님께 인격적으로 정향한 데 있다는 것을 받아들이고 참되다고 생각하며 믿는다고 한다. 그렇게 생각하지 않고 그저 "단지 예수님을 구주로 받아들이기만 하면 된다"고 하면, 잘못하다가 그들로 곧 기독교적 진리에서 벗어나 멀어지게 하고 다시 복음과 진지하게 접촉할 수 있는 길을 상실하게 할 수 있기가 쉽다는 것이다(409).

　　'복음주의적 실존주의'에 빠지는 또 하나의 길은 창세기 전반부를 신정통주의 신학자들이 성경을 다루는 것과 같은 방식으로 다루는 것이다(409). 그러나 사실은 창세기 전반부도 시간과 공간 안에서 일어난 역사

(space-time history)를 다루고 있다. 따라서 타락도 시간과 공간 안에서 일어난 역사의 한 부분이다. 그렇게 여기지 않는다면 우리는 결국 그리스도께서 무엇을 위해 죽으러 오셨는지를 알 수 없게 되고, 하나님이 참으로 좋으신 하나님이시라는 것을 이해할 길이 없어지게 된다(409).

그런가 하면 성경에 있지 않은 것을 마치 성경이 말하는 것과 같이 절대적인 것으로 여기는 잘못도 있을 수 있다. 우리 사회 중산층의 가치 기준을 마치 하나님 말씀의 절대적인 것과 동등한 것으로 여기는 잘못을 할 수도 있다(410). 히피 복장을 한 사람이나 그 사회에서 잘 용인하지 않는 복장을 한 사람들의 대한 교회의 반응이 그런 예가 된다. 이와 같은 것은 그렇지 않은 것을 하나님의 절대적인 것들과 동등한 것으로 여김으로써 하나님 말씀의 절대성을 파괴하는 결과를 낸다. 과거의 복음주의 교회가 인종 문제에 대해서 아주 연약한 입장을 나타내 보인 것이 그 대표적인 예가 될 수 있다고 쉐퍼는 언급한다(410).

이와 같이 바른 교리를 강조하는 것은 매우 실제적인 것이므로 우리는 아주 강한 교리적 내용을 가지고 있어야만 한다는 것을 쉐퍼는 강조한다(410). 그리고 강한 교리적 내용을 강조하는 것은 반드시 그것을 실천해

야 한다는 것을 함의한다. 우리는 우리가 믿는다고 말하
는 진리를 실천해야 한다. 우리가 그 교리를 참으로 신중
히 여기고 있다는 것을 자녀들과 우리를 지켜보는 세상
앞에 삶으로 드러내어 보여주어야 한다(410).

바른 교리에 대한 그의 논의를 정리하면서 쉐퍼
는 다음 세 가지를 강조한다: (1) (우리가 믿는 성경적) **내용**
을 강조해야 한다(412). (2) 성경의 **명제적 성격**에 대한
강한 강조가 있어야만 한다. 창세기 초반을 다룰 때도 그
러하다(412). 기독교적 진리는 명제들로 진술될 수 있기
때문이다(416). (3) 진리의 **실천**에 대해서 강조해야 한다.
우리가 그 어떤 일을 해도 성경적 내용과 진리의 실천이
라는 기독교적 기초 위에 있지 아니하면 모래 위에 집을
건축하려는 것이요, 결국 혼동을 낳게 하는 것이다(412).

B. 솔직한 질문들에 대한 진솔한 대답들(honest answers to honest questions)

둘째 내용은 기독교는 하나님께서 우리에게 말씀해 주신
진리이므로, 우리는 솔직한 질문들에 대한 진솔한 대답
들을 할 수 있고, 또 그렇게 해야만 한다(412). 성경에는

지성적인 것과 영적인 것의 이분법이 있지 않다(412). 우리는 기독교에 덧붙여진 플라톤주의적 요소를 제거해야 한다. 그리하여 우리는 하나님께서 전인(the whole man)을 창조하셨는데, 그 전인이 타락했으나 그리스도 안에서 몸과 영혼을 포함한 전인(the whole man)이 구속되고, 따라서 그리스도인인 우리에 대한 그리스도의 주되심도 사람과 그 존재의 모든 부분을 다 포함하는 전인적인 것이어야 한다는 것을 강조해야 한다(412). "기독교가 성경이 선포하는 바와 같은 진리라면, 그것은 삶의 모든 측면과 다 관련되어야만 한다"(413). "우리의 모든 영역에서 그리스도께서 주님이 되셔야 하고, 성경이 그 기준이 되어야만 한다"(413). 소위 영적인 것만 성경 아래 있고, 지성적인 것과 창조적인 것은 그로부터 자유로운 것이 아니라, 우리는 우리의 모든 영역에서 전적으로 성경 아래 있어야만 한다.

쉐퍼는 이렇게 성경으로부터 대답하는 사역의 대표적인 예로 바울의 사역을 들고 있다. 바울의 사역은 사람들의 질문에 대해 대답하는 '토론의 사역'(a ministry of discussion)이었다고 한다(413). 때로 고린도전서에서 바울이 지성의 사용에 대해 반박하며 말하고 있다고 생각하며 말하는 그리스도인들이 있는데 사실은 그렇지 아니하다고 쉐퍼는 강조한다(413). 고린도전서는 사람이 자율적이 되려고 하는 것, 하나님의 말씀의 계시에 의존하지 아니하고 사람이 자신의 지혜나 자신의 지식에서 모든 것을 이끌어내려는 것에 대해서 비판하는 것이다(413). 즉, 바울은 인간주의적이고 합리주의적인 지성주의를 반박한다. 그는 항상 제기되는 질문에 답한다. 심지어 예수님의 사역도 계속해서 질문에 답하시는 사역이었고, 그는 질문에 대답하시는 분이셨다(413). 그러므로 우리도 모든 종류의 질문에 대해 진지하게 대답하려고 노력해야 한다.

그러나 이렇게 질문에 대답하는 일은 쉬운 일이 아니다. 먼저 **동감적 마음**을 가지고 질문을 들어야 한다. 그들의 질문이 참으로 무엇이냐고 물으면서 대답하려고 노력해야만 한다. 그리고 잘 대답할 수 없거든 그 대답을 찾기 위해 책들을 읽고 연구해야만 한다(414). 물론 우리가 대답해 주고 그가 그 대답을 받아들였다고 해서 구원이 이루어지지는 않는다. 구원은 하나님을 창조주로 예수님을 구주로 받아들이고 구원을 이루시는 삼위일체 하나님께 경배할 수 있게 될 때 이루어진다(414). 즉, 우리는 먼저 우리가 자율적인 인간이 아니라 창조자의 피조물이라는 것을 받아들여야 하고, 또한 구원을 위해서 그리스도의 완성된 사역을 필요로 하는 죄인임을 받아들여야만 한다. 그러기 위해서는 성령님의 사역이 필요하다.

그러나 우리로서는 기도하고 진지하게 대답하려는 어려운 일을 하려고 할 정도로 동감하려는 책임감을 가져야만 한다(414).

이상에서 우리는 쉐퍼가 강조하는 두 가지 내용을 살펴보았다. 이제는 쉐퍼가 말하는 두 가지 실재들에 대해서 생각해 보자. 그 하나는 하나님과의 바른 관계에서 나오게 되는 실재(영적 실재)이고, 또 하나는 그 결과로 나타나게 되는 사람과 사람 간의 아름다운 관계라는 사랑의 실재이다.

C. 참된 영성

우리는 앞에서 명제로 진술될 수 있는 기독교적 진리를 강조했었다. 그러나 기독교의 목적은 단순히 명제들만을 반복하는 데 있는 것이 아니다. 바른 명제를 가진 후에는 하나님을 마음과 영혼과 정신을 다해 하나님을 사랑해야만 한다(416). 진정한 영적 실재를 가지지 못한 추한 죽은 정통은 거부되어야만 한다(416). 그러나 우리가 진정한 그리스도인이라면 성령님께서 우리 안에 내주하시므로 우리는 우리의 삶에서 삼위일체 전체의 매 순간의 사역을 느낄 수밖에 없다. 그것이 그리스도의 보혈의 (현재적) 의미이며(416), 이를 쉐퍼는 '진정한 영성'(true spirituality)라고 부른다(417).

쉐퍼는 그가 『진정한 영성』에서 말한 바를 강조하면서,[3] 예수 그리스도의 보혈에 근거한 순간순간의 하나님과의 관계에 대한 지식이 없었더라면, 이전의 라브리에서의 지성적 토론에도 불구하고 오늘날의 라브리와 같은 것은 있지 않았을 것이라고 단언하기도 한다(417). 영적 실재는 이와 같이 중요한 것이다.

그러나 성경은 우리 중의 그 누구도 **이 세상에서의 삶에서 완전할 수 있다고 주장하지 않는다**(417). 믿는 성도들이 하나님과 함께 있게 되는 "하늘"(heaven)에서 돌아본다면 여기서의 우리의 삶은 부족한 것으로 드러날 것이다. 그래도 하나님과 교제하는 진정한 영적인 실재는 여기서도 있을 수밖에 없다.

D. 인간관계의 아름다움

둘째 실재는 인간관계의 아름다움이라는 실재이다. 참된 기독교는 진리만이 아니라 아름다움을 낳기도 하는 것이다. 특히 인간관계의 영역에서도 말이다. 그리스도인들은 단지 다른 그리스도인들과만이 아니라 모든 다른 사람들과의 따뜻한 인간관계에 근거해서 세상에 무엇인가를 보여주어야 한다(417). 그리스도인은 인간이 과연 누구인지를 바르게 아는 사람이다. 현대인은 인간이 사람이 아닌 존재들과 질적으로 어떻게 다른지를 알지 못함으로 어려움 가운데 처해 있다(417f.). 그리스도인들은 사람은 하나님의 형상이므로 사람은 다른 것들과는 다르다. 그러므로 우리는 모든 사람들은 하나님의 형상으로 지어진 존재로 여겨야만 한다(418). 바로 여기서 인간관계의 아름다움이 나온다.

그러므로 우리는 그저 스쳐 지나가는 사람들이라도 하나님의 형상으로 지어진 존엄한 존재로 여겨야 하고, 더 오랜 관계를 지니고 사는 사람들도 존엄한 존재들로 여겨야만 한다. 우리가 그들의 신학에 동의하지 않고 그들의 신학에 대립하는 자유주의 신학자들도 우리는 존엄한 인간으로 여기며 대우해야 한다(418f.). 물론 신학적으로는 대립하면서도 인간적으로는 좋은 관계를 맺는다는 것은 우리의 힘으로는 불가능하다. 그러나 성령님의 능력 가운데서는 그것도 가능하다(419).

성령님의 능력에 의존하면, 우리는 '아니오' 라고

말할 때에도 인간관계의 아름다움을 나타낼 수 있다. 우리가 다른 사람을 대하는 방식에 있어서 그 아름다움을 나타내지 못한다면, 우리는 세상과 우리 자녀들의 눈앞에 우리는 우리가 선포하는 진리를 파괴하고 있음을 드러내는 것이다(419). 그러나 우리는 교회를 통해 사람들을 동물들이나 기계로만 여기는 현대인의 방식과는 아주 대조되는 인간관계를 나타내야 한다. 아주 다르기에 세상이 복음을 듣게끔 하고, 복음을 그들에게 권하게 할 만큼 다른 무엇인가가 있어야만 한다. 참으로 성경을 믿는 복음주의자들인 우리는 우리가 서로 다른 그룹에 속해 있을 때 서로 다른 그룹에 있는 사람들을 대한 추함에 대해서 우리를 용서해 주시도록 하나님께 기도해야 한다(419).

쉐퍼는 이렇게 인간관계의 아름다움을 드러내는 일을 공동체의 정통성(an orthodoxy of community)이라고 말하기도 하고(420, 422), 실천하는 공동체(practicing community)가 되는 일이라고 말하기도 한다(420). 이는 다른 것이 아니라 신약성경이 말하는 진정한 교회를 이루는 것이다. 특히 사도행전이 보여주는 그런 교회, 예를 들어서 이방인과 유대인들이 진정으로 그리스도의 보혈과 하나님 말씀의 진리 가운데서 하나가 된 안디옥 교회 같은 교회를 이루는 것이다. 물질적 필요에 이르기까지 서로를 잘 돌아보는 그런 공동체를 이루는 것이다(420,

421). 공산주의(共産主義)가 아니고, 각기 자신의 것을 가지고 있으나 서로 나누어 쓰는 독특한 공동체를 이루어야 한다(421). 이런 뜻에서 쉐퍼는 '우리가 복음주의적 교회들 안에서 과연 이런 공동체를 드러내었는가?'라고 진지하게 질문한다(420).

(3) 쉐퍼의 권고에 대해 우리는 과연 어떻게 반응하였는가?

1974년도에 쉐퍼가 복음주의자들에게 주었던 권고에 대해서 복음주의자들은 과연 어떻게 반응하였는가? 과연 지난 50여 년 동안 복음주의자들은 쉐퍼의 권고를 제대로 받아들였는가? 안타깝게도 복음주의자들 중의 상당수는 쉐퍼가 말하는 바른 교리를 저버리거나 바른 교리를 양보하고 절충하였다. 쉐퍼 자신은 10년 후인 1984년도에 그런 현상에 대해서 진지하게 우려하면서 "복음주의권의 대재난"을 말하기도 하였다.

아마도 그로부터 거의 40여 년이 더 지난 오늘날에는 그런 현상이 더욱더 심해졌다고 할 수 있다. 오늘날에는 이전의 복음주의자들이 말하던 것을 학문적으로 주장하는 것이 불가능하다고 말하는 것이 복음주의자들 사이에도 일상적인 일이 되어 버렸다. 일부 복음주의자들은 학문을 포기해 버린 반면에(쉐퍼가 염려하던 반지성주의의 승리), 또 한편의 일부 복음주의주의자들은 학문의 이름으로 그들의 신앙을 더 많이 양보하고 절충해 가고 있다.[32] 일부 복음주의자들은 좁은 의미의 복음에 집착하여 복음의 풍성함과 성경의 풍성함을 잊은 반면에, 또 일부 복음주의자들은 학문적 교류를 위해 성경의 많은 부분을 그대로 받아들이지 않으면서 그렇게 하는 것이 성경의 가르침에 충실한 것이라고 하고 있다.

또한 많은 복음주의자들은 솔직한 질문에 대해 진솔하게 대답할 수 있는 능력을 상실하였거나, 대답한다고 하면서 이 세상의 질문에 사로잡혀 버렸다. 그뿐만 아니라, 많은 복음주의자들은 그리스도의 보혈의 능력을 순간순간 경험하는 일에서 실패하고 있다. 그들은 순간순간 삼위일체 하나님과의 깊이 있는 교제를 하고 있지 않다. 그 결과로 많은 복음주의자라고 하는 이들도 서로 싸우고 비난하며 가장 아름다운 인간성과 인간관계의 아름다움을 드러내는 일에서 실패하고 있다. 복음주의자들

---

[32] 이 문제를 20세기 말과 21세기 초에 아주 구체적으로 논의한 분이 데이비드 웰스라고 할 수 있다. 웰스의 작업에 대한 논의로 이 소책자 시리즈의 1권인 『데이비드 웰스와 함께 하는 하루』 (서울: 말씀과 은혜, 2021)을 보라.

이 이루는 성경적 교회의 모습을 찾기 어렵게 되었고, 복음주의적 교회들 간의 아름다운 교제도 부족하며, 이 세상 앞에 교회의 참된 모습을 잘 드러내고 있지도 못하다.

쉐퍼가 오래전에 경고하던 바에 많은 미국의 복음주의 교회가 제대로 반응하지 못하고, 오히려 더 큰 문제를 드러내는 방향으로 나아가고 있듯이, 한국의 복음주의 교회들도 동일한 문제와 역기능을 나타내 보이고 있다. 여러 모로 마음이 아프지만 이것이 우리의 현실이다.

그러나 이는 우리를 고발하기 위해 하는 말만은 아니다. 마치 40-50여 년 전 쉐퍼가 안타까운 마음으로 그 시대의 교회를 새롭게 하며, 그 시대의 요구에 답하기 위해 노력하면서 제안할 때, 그는 절망을 토로하기 위해서가 아니라 미래의 희망을 바라보면서 그리했던 것처럼, 성경을 참으로 믿는 사람들은 **더 어두운 밤에도 동일한 꿈을 꾸어야만 한다**. 그러므로 우리도 우리들 안에 '교리적 정통성'(the orthodoxy of doctrine)과 공동체적 정통성(the orthodoxy of community)이 있도록 노력해야 한다. 그것이 이 시대의 남은 자들의 사명이며, 그 결과로 이 땅 가운데 진정한 기독교가 있게 해야 한다.

2. 20세기의 대표적 변증 목회자 존 스토트를 보내면서

존 스토트(John Stott, 1921. 4. 27- 2011. 7. 27) 목사님께서 향년 90세로 (은퇴한 영국 목사님들이 사는 곳의 하나인) 써리(Surrey)에 있는 세인트 바나바스 컬리지(St. Barnabas College)에서 많은 친구들이 모여 성경과 헨델의 오라토리오 〈메시야〉를 들으면서 하늘의 부름을 받으셨다는 소식을 듣고,[33] 그분 개인만을 생각하면 김재영 목사님께서 페이스북에서

---

[33] http://www.bbc.co.uk/news/uk-14320915.

표현하신 대로 하나님께서 안식을 주신 것에 대해서 감사할 수 있고, 또 전 세계 기독교를 보면 상당히 안타까운 마음을 가지게 된다. 그러나 또한 그를 아쉬워하는 분들이 과연 얼마나 될까 하는 냉소적인 생각도 해 본다. 그를 진정으로 아쉬워하고, 그리워한다면 그가 한 말과 그 행적을 따라가야 할 것이 아닌가 하는 생각에서이다. 이 기회에 기독교에 대한 스토트 목사님의 기여 등에 대해서 간단히 생각해 보았으면 한다.

(1) 계속해서 공부하는 목회자였던 스토트

첫째로, 그는 목회자는 계속해서 공부하는 사람이라는 것을 잘 보여준 좋은 예를 남겼다. 그가 열심히 공부하고 써 놓은 책이 많아서 많은 사람들은 그가 학자라고 생각할 정도다. 물론 그는 참으로 학자였다. 캠브리지 대학교에서 불어와 신학을 전공하여 두 분야 모두에서 우등(first class)으로 졸업하고, 역시 캠브리지의 리들리 홀(Ridley Hall)에서 영국 교회의 사제(司祭, priest)로서의 훈련을 받은 그는 평생 공부한 학자였지만 그러나 그는 무엇보다 목회자였다. 그래서 그는 목회자는 평생 공부하는 사람이라는 것을 잘 보여준 대표적인 예라고 하였다. 나의 친구인 David Currie가 자주 말하였듯이 "왜 뛰어난 학자는 학교가 가지고 있어야 하는가? 뛰어난 학자를 교회가 가지도록 하자"고 한 말을 몸소 실현한 귀한 모범이다. 스토트 목사님께서 사랑하시던 영국의 청교도 목사님들처럼 그는 20세기 상황에서 공부하는 목회자가 어떤 사람인지를 잘 드러내어 주었다. 이점은 한국 목회자들이 특별히 본받아야 할 점이라고 생각한다. 그는 아무리 바빠도 오전에는 그의 목사관 서재를 지키는 일에 헌신했다고 말하곤 했다. 좋은 설교와 목회는 성경과 책을 읽고 묵상하고 기도하는 것과 밀접한 관계를 가진다. 이점은 우리들이 두고두고 본받아야 할 점이다.

목회자로서 그는 무엇보다도 성경을 정확히 알고 그것을 잘 강해하며 설교하기 위해 애썼다. 그가 섬기던 런던 중심부인 랭함 플레이스(Langham Place)에 있는 올소울즈 교회(All Soul's Church)에 많은 사람들이 그의 설교를 들으려고 모였던 것은 우연이 아니다. 그는 1945년에 목사로 임직하자마자 와서 이 교회 공동체에서 부목사로 섬기다가, 1950년부터 1975년까지 담임목사로 섬겼다고 한다.

필자가 그 교회를 처음 방문했던 1984년은 그가 이미 1975년에 은퇴하고 때때로만 설교하던 때이었는데도 많은 사람들이 그의 설교를 듣기 위해 예배에 참여하는 것을 보았었다. 내가 참여했던 1984년 9월의 한 주일에 내 옆에 앉았던 젊은이는 Oxford 대학교 학생이었는데, 그의 설교를 듣기 위해 자주 옥스포드로부터 런던까지 온다고 하였다. 그에게 예배 마치고 커피를 사주던 기억이 새롭다. 그날 저녁 예배는 스토트 목사님 자신이 설교하신다고 하여 저녁 예배에 참여했을 때, 1,000여명의 사람들이 그날 저녁에 하나님께 예배하고, 말씀을 듣고 하던 기억이 새롭다. All Soul's Church와 로이드 존스 목

사님께서 목회하셨었고 (내가 유학할 때에는 미국인 목사님인 R. T. Kendall이 목회하던, 그러나 그도 이제는 은퇴하였다) 웨스트 민스터 채플과 1994년에 방문하였던 웨일스 지역의 교회, 아버딘의 신실한 성도들이 모이던 교회에 주일 저녁 예배에도 수많은 사람들이 참여하던 것을 생각하면, 특히 겨울에는 4시만 되면 깜깜해지는 그런 곳에서도 주일 저녁예배를 지켜가던 그 교회들을 생각하면 오늘날 한국 교회에서 주일 저녁예배가 무시되고 있는 상황이 매우 안타깝다. 신실한 목회자들이 목회하는 곳은 언제나 사람들이 예배를 중요시한다. 곳곳에서 그러함을 자주 목격했다. 스토트가 목회하던 교회 공동체(All Souls Church) 도 그런 곳의 하나였다. 신실한 목회자인 스토트를 깊이 생각하게 하는 점이다.

그날 저녁 예배 마친 뒤에 그의 설교에 감사하다는 말씀을 드리면서 신학 석사(M. Phil.) 학위를 하기 위해 한국에서 온 학생이라고 하자, 1984년 당시 김명혁 교수님께서 그의 선교에 관한 책을 번역하신 것을[34] 언급하시면서, 한국의 어느 교단 사람이냐고 물으며 "합동, 통

---

34 John R. W. Stott, *Christian Mission in the Modern World*, (London: Falcon Books, 1975), 김명혁 옮김, 『현대 기독교 선교』 (서울 성광문화사, 1981).

합" 등의 용어를 한국말로 하실 정도로 한국 상황에도 밝았던, 이제 막 유학을 시작하는 한 학생에게 손을 벌리시면서 "하나님께서 당신의 공부에 복 주시기를 원한다"는 말을 하실 때, 한편으로는 너무 상투적인 목회자다운 말이라고 생각하면서도, 그 말씀을 감사해하던 그때가 벌써 40여 년이 지났다. 이제 그의 축복을 들을 수는 없지만 그것을 아쉬워하는 사람들은 그가 쓴 여러 책들을 심각하게 읽고 성경의 가르침대로 나가려는 태도를 가져야 할 것이다.

(2) 성경을 존중하면서 연구하고 사역한 스토트

둘째로, 그가 명확한 복음주의적 입장을 가지고 성경을 중요시하면서 설교하고 강연하고 책을 쓰고 활동하던 것을 기억해야 한다. 그의 여러 주석과 강해서는 그가 얼마나 성경을 존중하는 태도로 성경을 설명하고 있는지를 잘 알게 해 준다. 학자들 가운데 호주의 레온 모리스(Leon Morris)나 그를 포함하여 〈틴델 시리즈 주석〉을 쓰신 분들, 그리고, 새 국제 주석(New International Commentary on the New Testament: NICNT, New International Commentary on the

Old Testament: NICOT) 시리즈에 속한 주석들을 쓰신 분들에게 기대할 수 있는, 언제나 본문에 충실하되 그 성경적 의미를 잘 드러내 주는 작업을 그는 해 주었다. 특히 『성령 세례와 성령 충만』에 대한 짧은 책은[35] 이 문제에 대한 명확히 개혁파적인 입장을 잘 드러낸 준 고전에 가까운 것이어서 개혁신학자인 안토니 후크마도 그 책은 적극적으로 인용하면서[36] 이 문제를 설명하려고 애쓰던 것을 기억한다. 오늘날 성경을 비평적으로 대하려 하는 일이 많아서 성경 형성에 깊이 관여하신 하나님의 손길을 무시하는 해석들이 난무하는 상황에서는 스토트의 이런 태도는 참으로 존중해야 할 태도가 아니라고 할 수 없다.

(3) 현대 사회의 문제들에 대한 기독교적 대답을 제시하려던 변증 목회자 스토트

셋째로, 그는 우리 시대의 다양한 문제들에 대해서 성경

---

[35] John Stott, *Baptism & Fullness: The Work of the Holy Spirit Today* (Downers Grove, IL: Inter Varsity Press, 1976). 조병수 옮김, 『성령 세례와 성령 충만』, 개정 증보판 (서울: 개혁주의신행협회, 2001).

[36] Anthony A. Hoekema, *Saved by Grace* (Grand Rapids: Eerdmans, 1989), 47-49.

의 가르침을 적용하고 그것들과 관여하면서 해결하려는 적극적 노력을 보인 진정한 복음주의자였다. 올 소울즈 교회 안에 이 문제를 돕기 위한 전문가 위원회가 있었다 는 것은 그의 책을 읽은 사람들은 누구나 잘 아는 이야기 이다. 현대 사회의 여러 문제들을 제대로 다루기 위해 교 회의 성도들과 함께 고민하며 효과적으로 설교하기 위해 애쓴 그의 모습을 이제는『현대 사회의 문제들과 기독교 적인 대답』을 통해서 더욱더 깊이 생각해야 한다. 그가 은퇴 후에 현대 목회 연구소 같은 것인 Langham Partnership International을 세워서 2007년까지 봉사 하면서 많은 목회자들을 도우려고 하던 그 진정한 의도 를 높이 사야 할 것이다.

(4) 현대 복음주의 운동의 형성자 스토트

넷째로, 그는 영국 안에서나 전세계적으로 복음주의 운동 을 확산하기 위해 애쓴 사람이었다. 그래서 많은 분들은 그를 현대 복음주의 운동의 형성자(건축자)라는 말로 표현 한다. WCC 회의에 참여하며 그 문제점을 목도하다가 결국은 복음주의자들을 결집하여 세계 복음화를 위한 로잔 선언(1974)을 하도록 했던 사람들 가운데 한 분의 중요한 사람이 스토트라는 것을 잊어서는 안 된다. 오늘날 복음주의적 입장을 가진 사람들이 그들의 기조와 같은 것으로 생각하는 로잔 선언을 우리들이 참으로 깊이 있게 생각하며 동의해야 한다. 로잔 선언에 동의하는 진정으로 성경을 사랑하는 이들을 형제 복음주의자로 여기면서 같이 활동하려고 하던 그 노력이 지속되어야 할 것이다.

(5) 기독교적 여가 활동의 모범을 보인 스토트

마지막으로, 그가 이 바쁜 삶을 살면서도 그의 취미 활동인 새 관찰(Bird Watching)을 계속해 나간 것은 환경 문제에 대한 그의 관심과 함께 그리스도인들이 여가를 보는 문제를 심각하게 고려해야 함을 느끼도록 한다. 그가 우리나라에 방문했을 때도 여유 시간이 있으면 새 관찰을 할 수 있는 기회가 있냐고 물었다는 것은 그의 한국 방문에 대해 들었던 사람들이 신기하게 여겼던 점의 하나이다. 기독교적인 삶이 생활화된 서구인들과 달리 우리 한국 그리스도인들은 거의 사역을 위한 일 중독자들에 가깝기에 이렇게 여유를 내어 '새 관찰'이라는 취미를 즐기던 스토트 목사님을 다시 생각하게 된다.

(6) 스토트에 대한 비판적 고찰

그를 떠나보내면서 아쉬운 점은 그가 (1) 영국의 자유주의 신학자 데이비드 에드워즈(David L. Edwards)의 유도 심문에 답하면서 영혼 멸절설(annihilation theory)을 선호할 것이라고 말한 점,[37] (2) 로이드-존스와의 단절, 그리하

---

[37] David L. Edwards with a Response from John Stott, *Evangelical Essentials: A Liberal Evangelical Dialogue* (Leicester: IVP, 1988), 313-20; Timothy Dudley-Smith, *John Stott: A Global Ministry, A Biography of the Later Years* (Downers Grove, IL: InterVarsity Press, 2001), 354.

스토트 외에도 John Wenham, Michael Green, Philip Edgecumbe Hughes, Roger Forster, Richard Bauckham, Basil F. C. Atkinson, Ian Howard Marshall, Clark Pinnock, Edward Fudge, Greg Boyd, Harold Camping, Homer Hailey, E. Earle Ellis, Ellen G. White, John G. Stackhouse, Jr., Joel B. Green 등 많은 사람이 이런 입장을 드러내니 이것이 심각한 문제가 아닐 수 없다. 영국에서 웬함이 제일 먼저 이런 입장을 표현하였다. John Wenham, *The Goodness of God* (London: InterVarsity Press, 1974); idem, "The Case for Conditional Immortality" in N. M. S. Cameron, ed., *Universalism and the Doctrine of Hell* (Grand Rapids: Baker Book House, 1992); idem, *The Enigma of Evil* (Leicester: InterVarsity Press, 1985, A new edition with an extended chapter on the debate, Guilford, England:

여 청교도 컨퍼런스가 계속되지 못하도록 한 점 (즉, 그와 로이드-존스, 패커 같은 분들의 유대가 지속되었어야 우리가 말하는 복음주의의 영향력이 더 강하게 나타날 수 있다는 아쉬움의 표현이 다), (3) 몇몇 문제에서 특히 그가 속해 있던 성공회 전체를 좀 더 성경적인 방향으로 전환하는 일에서 별 진전을 보이지 못했다는 점 (이 점은 어떤 교회가 기성화되었을 때 그것을 성경적으로 돌이키기가 얼마나 어려운지를 수많은 청교도들과 스토트나 패커 같은 분들과 함께 아쉬워하게 하는 부분이다). 그 이유는 여러 측면에서 살펴볼 수 있겠지만, (4) 그가 성경에 대해 좀 더 철저한 견해를 드러내지 않은 점, (5) 따라서 진

Eagle Books, 1994); idem, *Facing Hell: An Autobiography 1913-1996.* (Paternoster Press: 1998)

    Cf.   Philip Edgcumbe Hughes, *The True Image: The Origin and Destiny of Man in Christ* (Grand Rapids: Eerdmans and Leicester, UK: InterVarsity Press, 1989), 398-407; Michael Green, *Evangelism Through the Local Church* (London: Hodder and Stoughton, 1990), 69-70; Clark Pinnock, "The Destruction of the Finally Impenitent," *Criswell Theological Review* 4/2 (1990): 243-59.

    이런 입장에 대한 강한 반대 논의로 보스, 바빙크, 벌코프 등 전통적 개혁신학과 복음주의 조직신학 책 외에도 다음을 보라. Robert A. Peterson, *Hell on Trial: The Case for Eternal Punishment* (Philipsburg, NJ: P&R Publishing, 1995); Edward Fudge and Robert Peterson, *Two Views of Hell: A Biblical & Theological Dialogue* (Downers Grove, IL: InterVarsity Press, 2000)에 있는 피터슨의 논의; Christopher W. Morgan and Robert A. Peterson, eds., *Hell Under Fire: Modern Scholarship Reinvents Eternal Punishment* (Grand Rapids: Zondervan, 2004). 또한 후에 논의할 존 파이퍼 목사님의 여러 논의도 보라.

화와 창조에 대한 입장에서 철저한 입장보다는 좀 더 폭넓은 견해를 유지하려고 한 점과도 연관된다고 여겨진다. 이런 문제를 가지고 있으면 결국 효과적으로 변증할 수도 없고, 변증하여 지키려고 한 것이 과연 무엇인가 하는 궁극적 질문을 남긴다.

오늘날에는 그와 같이 성경을 사랑하는 사람들보다 이상한 성령 운동을 하는 분들이 우리 주변에 더 많고, 그런 분들의 책들이 주변에 많이 팔리고 읽히고 하는 것이 안타깝다. 스토트 목사님의 하늘 부르심 받음을 계기로 우리 주변에 좀 더 성경에 가깝게 가는 운동이 더 일어나기를 간절히 원한다. 그것이 하늘에서 안식을 누리고 계시는 스토트 목사님이 원하시는 것이기도 할 것이다.

3. 20세기 신학적 변증가였던 제임스 패커를 보내면서

좋은 개혁신학자의 한 사람인 제임스 패커(James I. Packer, 1926. 7. 22. – 2020. 7. 17.)가 그의 거주 장소를 이 땅으로부터 하나님이 계신 "하늘"(heaven)로 옮겼다는 소식을 듣고서, 그의 사역에 대해서 한국 그리스도인들의 감사의 마음을 표하면서 그의 생애와 신학과 그에 대한 여러 생각들을 조금 표현해 보고자 한다.

패커는 나에게 있어서 늘 매우 조용한, 그러나 영국 교회(the Church of England, 성공회) 안에서 개혁신학적 목소리를 강력하게 외친 사람의 하나로 여겨진다. 그가 7살 때인 1933년 9월에 당한 큰 사고로 두뇌에 손상을 입어서 항상 수줍어하는 성격을 가진 것으로 언급되는[38] 패커는 될 수 있는 대로 논쟁을 잘 하지 않으려고 했으나, 어쩔 수 없이 논쟁의 중심이 되는 경우들이 있었다. 이런 논쟁 상황에서 그는 대개 성경적이고 정통주의 입장을 대변하는 인물이었다. 패커는 같이 성공회 안에 있던 복

---

[38] 이에 대해서는 맥그라스가 쓴 패커에 전기를 보라. Alister E McGrath, *To Know and Serve God: A Life of James I. Packer* (London: Hodder and Stoughton, 1997).

음주의적 '학자인 목회자'(scholar-pastor)였던 존 스토트보다 좀 더 온건하고 정통적 입장을 대변했으며, 신학적으로 정통파 개혁신학적 입장에서 모든 문제를 어떻게 생각하여야 하는지를 곳곳에서 잘 제시한 신학자 (theologian)였다. 후에 캐나다 밴쿠버에 있는 리젠트 컬리지 신학 교수를 할 때에는 "리젠트 컬리지 말고는 모든 곳에 편재한다"는 농담 섞인 조크의 대상이 될 정도로 온 세상 곳곳에서 강연하고 논문을 발표했던 그는 역시 그 수줍어하는 성격 때문인지 우리에게 와서 강연하지는 않았다.

(1) 하나님과 성경을 사랑한 사람 패커

기본적으로 패커는 삼위일체 하나님과 하나님의 말씀인 성경을 사랑한 사람이라고 할 수 있다. 이는 그의 최초의 책들인 『근본주의와 하나님의 말씀』[39] 그리고 『복음전도와 하나님의 주권』에서부터[40] 잘 나타나는 그의 관점이

---

[39] J. I. Packer, *Fundamentalism and the Word of God* (London: IVP, 1958)=옥한흠 역, 『근본주의와 성경의 권위』 (서울: 한국개혁주의신행협회, 1973).

[40] J. I. Packer, *Evangelism and the Sovereignty of God* (London: Inter-Varsity Fellowship, 1961).

다. 그러므로 그는 성공회 안의 복음주의파를 대변하며 성공회에 복음주의적 영향을 미치기 위해서 애쓴 사람이라고 할 수 있다. 이런 그의 입장은 옥스퍼드에서 박사 학위를 마치고(1954) 그가 감당한 일들에서도 잘 나타난다.

학위를 하기 전에는 버밍험에 있는 하―본 히스 교회에서 부목사(Assistant Curate of Harborne Heath in Birmingham 1952-1954)를 하였고, 학위 후에 브리스톨에 있는 틴델 홀(Tyndale Hall, Bristol)에서 가르치기를 시작했다(미국과 우리나라 대학의 조교수에 해당하는 Lecturer, 1955-1961). 그 후에 옥스퍼드에 세워진 복음주의자들의 연구 센터인 라티머 하우스(Latimer House, Oxford)에서 도서관장(1961-1962)과 학감(Warden, 1962-1969)을 하다가, 다시 브리스톨로 돌아가 틴델 홀의 학장(Principal of Tyndale Hall, Bristol, 1970)을 하고, 틴델 홀과 클리프톤 컬리지와 달톤 하우스―세인트 마이클스 등 세 컬리지가 합하여 구성된 틴델 홀의 부학장(Associate Principal)을 하면서(1971-79) 영국 성공회 신부들을 교육하는 일을 하였기 때문이다. 옥스퍼드의 라티머 하우스도 그렇고, 브리스톨의 틴델 홀은 성공회 안에서 복음주의적인 목회자들을 키워내는 학교들로 알려져 있다.

이 기간 동안에 그가 쓴 짧은 책들은 다 성경에

근거해서 하나님 앞에서 충실하기를 바라면서 쓴 글들이었다. 특히 1960년대에 격월로 발간되던 「복음주의 잡지」(*Evangelical Magazine*)의 편집자가 기독교의 기본적인 것들에 대한 시리즈 글을 써 달라고 한 것을 계속하여 5년 동안 기고한 글들의 모음이 그의 베스트셀러 책이라고 할 수 있고 150만 부 이상 팔린 『하나님을 아는 지식』(*Knowing God*)이다.[41] 사실 이 책에 그의 모든 특성이 잘 나타나 있다고 할 수 있다. 그는 성경을 아주 중요시하면서 성경 이외의 그 어떤 것도 우리 시대의 계시라고 하지 않으며, 이 성경에 근거해서 참으로 (그가 이 책의 앞부분에서 강조하고 있는 대로, 하나님에 대해서 아는 것이 아니라, 참으로) 하나님을 알고 삼위일체 하나님과 깊이 교제하게 하려고 애쓴다. 이 일에 과거 신앙의 선배들인 청교도들이 좋은 모범이 됨을 잘 드러내준다. 과거의 청교도들처럼 성경에 근거해서 살아 계신 하나님과 함께 교제하면서 그 하나님의 인도하심을 받아 가는 삶을 살며 그런 삶을 살도록 이끄는 것이 그의 목적이었다.

이 모든 일은 성경에 대한 그의 확인 때문에 가능했는데, 초창기에도 성경의 권위를 강조한 그는 1978년에 미국의 복음주의자들과 함께 성경의 무오성에 대한

---

[41] J. I. Packer, *Knowing God* (Hodder and Stoughton, 1973, reprinted 1993).

시카고 선언에 서명하고, 같이 선언서를 발표했으며, 그 의미를 설명하는 소책자를 내기도 하였다.[42] 참으로 그는 성경을 무오한 하나님의 말씀으로 존중하며 그 하나님 말씀의 권위를 옹호한 학자다. 이것이 이 시대에 대한 그의 가장 큰 기여 중의 하나라고 할 수 있다.[43]

(2) 영국 성공회 교회인(Churchman)으로서의 패커

둘째로, 그는 기본적으로 성공회 교회인(churchman)이었다고 할 수 있다. 이는 영국에서 태어난 그에게 당연한 것이었지만, 1926년 7월 22일에 글로쳐스터셔 (Gloucestershire) 북부에 있는 (우리에게는 홍차로 유명한) 트위닝(Twyning)에서 장자로 태어난 그는 형식적으로 신앙생활을 하는 그의 부모님을 따라서 그저 매주일 집 가까이에 있는 세인트 캐터린즈 교회(St. Catherine's Church) 예

---

[42] J. I. Packer, *Freedom, Authority and Scripture* (Leicester: Inter-Varsity Press, 1982), 이승구 역, 『자유, 권위, 성경』 (서울: 엠마오, 1983).

[43] 근자의 그의 성경관에 대해 잘못 제시한 것을 비판하면서 패커의 무오성을 믿는 견해를 잘 변호한 논의로 다음 글을 보라. William Roach and Norman Geisler, "Misinterpreting J. I. Packer on Inerrancy and Hermeneutics," available at: https://defendinginerrancy.com/misinterpreting-j-i-packer-on-inerrancy-and-hermeneutics/

배당에 참여만 하는 형식적인 성공회 신자였다고 한다. 14살에 견신례도 받았지만, 이때도 참된 회개나 구원에 이르는 신앙을 가진 것은 아니었다고 한다.

그의 회심은 그가 18세 되던 해인 1944년, 그가 옥스포드 대학교의 '그리스도의 몸 대학'(Corpus Christi College)에 고전(classics) 전공의 학생으로 입학했을 때 이루어진다. 개강한 지 3주가 지난 10월 22일에 그는 세인트 알데이트 교회(St. Aldate Church)의 저녁 예배에 참석했었다. 이때 나이 많은 목사님의 설교가 지루하다고 느꼈지만 그 후반부에 그 목사님께서 소년일 때 성경 캠프에서 자신이 진정한 그리스도인가에 대한 도전을 받은 일에 대해서 간증할 때에 패커는 자신을 그 목사님과 동일시하면서 자신 자신을 그리스도에게 드리기로 결단했다. 그리하여 영국 교회는 패커라는 이 위대한 자산(資産)을 얻게 되었다.

그는 옥스포드 대학교에서 고전을 전공하여 문학사 학위를 한 후(1948), 런던에 있는 선교사들을 위한 학교인 옥크 힐 신학교(Oak Hill Theological College)에서 헬라어와 라틴어를 가르치는 직임(instructor, tutor)을 감당하다가(1948-49), 영국 성공회 사제를 훈련시키는 기관의 하나인 옥스포드의 위클리프 홀(Wycliffe Hall)에 입학하여

(1949) 본격적인 신학 공부를 하고, 1952년에 부제(deacon)가 되었고, 1953년에 버밍험 대성당에서 성공회 사제(priest)로 임직했다. 이 기간 동안 그는 버밍험의 하—본(Harborne)에 있는 세인트 존스 교회에서 부목사직을 수행하면서, 옥스포드에서 리쳐드 박스터에 대한 연구로 박사학위 논문을 썼다(D. Phil., 1954). 제프리 너랠(Geoffrey Fillingham Nuttall, 1911-2007)의 지도하에서 그가 쓴 논문은 "리쳐드 박스터 사상에서의 인간의 구속과 회복"(The Redemption and Restoration of Man in the Thought of Richard Baxter)이라는 400페이지가 넘는 논문이었다.[44]

그 이후 그는 계속해서 영국 성공회 목사들을 훈련하는 기관에서 가르쳐 왔고, 옥스포드 학부 때부터의 가장 가까운 친구인 지질학자 제임스 휴스턴(James Houston)의 초청에 따라 캐나다 밴쿠버에 있는 리젼트 컬리지의 신학 교수로 갔을 때(1979)도 캐나다 성공회에 속한 밴쿠버 세인트 존스 성공회(St. John's Vancouver Anglican Church)에 속해 있었다. 그는 어찌하든지 성공회가 점점 더 성경적인 방향으로 가도록 노력하였고, 성공회에 속한 복음주의파를 대변하는 인물의 하나였다.[45] 모든 면에서

---

44 오랜 후인 2003년에 이를 출판한다(Carlisle: Paternoster Press, 2003).

45 Cf. J. I. Packer, *Guidelines: Anglican Evangelicals Face the Future* (London, Church Pastoral Aid Society, 1967); *The*

좀 더 성경적 방향으로 성공회를 이끌려고 노력하였으니, 예를 들어 직제에 있어서는 상당히 이전 직제를 유지하고 있어서 성도들 가운데서 선출된 장로가 없는 것에 대해서 안타깝게 여기면서 목회자와 함께 치리를 감당한 직분을 찾아야 한다고 제안하기도 하였다.[46] 그러나 성공회는 계속해서 직제에 있어서는 이전의 방향을 고집하였고, 전반적으로 자유주의적이고 더 폭 넓은 방향으로 나가서 패커 등의 이런 노력은 결국 무색해졌다.

결국 2002년 밴쿠버의 뉴 웨스트민스터 교구의 성직자 회의(synod)에서 동성 결혼을 주례한 분의 주교됨을 인정했을 때, 패커는 이를 반대하는 의사 표시로 다른 목사님들과 함께 이 회의장을 중간에 떠났고, 2008년에 패커가 속해 있는 교회인 캐나다 성공회에서 가장 큰 회중인 세인트 존스 교회(St. John's Shaughnessy)가 캐나다 성공회에서 분리해서 보다 복음주의적인 아르헨티나 교구와 하나가 되려고 하자, (1) 캐나다 성공회의 교리와 치리를 공적으로 거부한다는 것과 (2) 캐나다 성공회 밖의 다른 종교적 단체와 하나됨을 추구했다는 죄목으로

Evangelical Anglican Identity Problem: An Analysis (Oxford: Latimer House, 1978); Roger T Beckwith과 함께 낸 _The Thirty-nine Articles: Their Place and Use Today_ (Oxford: Latimer House, 1984).

[46] J. I. Packer and Alan Stibbs, _The Spirit Within You: The Church's Neglected Possession_ (1979), 이승구 옮김, 『그리스도인 안에 계신 성령』 (서울: 웨스트민스터 출판부, 1996).

임직 때에 부여했던 말씀과 성찬을 섬기는 목사의 권한을 박탈한다는(revoked) 결정의 대상이 되었었다. 성공회로부터 공식적으로 거부되었던 것이다. 그러자 세인트 존스 교회는 캐나다 성공회 네트워크(the Anglican Network in Canada=ANiC)에 속하였고,[47] 이는 다시 2009년에 북미 성공회(the Anglican Church in North America)에 속하였다.

패커 자신은 영국에 있을 때나 캐나다에서나 계속해서 성공회 안에 있으면서 이를 좀 더 복음주의적 방향으로 변화시키려고 했지만 역부족이고, 결국 성공회 자체가 일종의 분열을 한 셈이 되었다.

이때 패커는 오래 전인 1966년 10월에 로이드-존스 목사님께서 복음주의자들의 전국 회의(the National Assembly of Evangelicals)에서 영국의 모든 복음주의자들이 모여 한 교단을 형성하는 것에 대해서 제안했던 바를 다시 생각했을 수도 있다. 그때 로이드-존스 목사님께서는 교리적으로 혼합된 교회들로부터 나와서 독립적인 복음주의 교회들의 연합체를 형성할 것을 제안하셨었는데, 이 회의의 의장 역할을 하던 존 스토트 목사님께서 이에 공개적으로 반박하심으로 영국 복음주의자들 사이에서의 심각한 균열이 있게 되었다. 패커는 이 자리에 있지

---

[47] Chantal Eustace, "Anglican Congregation Votes to Split over Same-sex Blessings," *The Vancouver Sun* (15 February 2008).

않았으나 그날 밤에 전화로 이 소식을 들었다고 한다. 그리고 그는 성공회 안에서 싸우면서 그 안에서 영향력을 미쳐가자는 편을 취했다. 그러나 결국 그 자신도 성공회 대회에서 일종의 면직을 당할 정도로 성공회가 변하지 않은 것에 대해서 말년의 패커는 과연 어떻게 생각했을지 궁금하다. 더구나 자신들의 모든 사역을 마치고 하늘에서 주님의 품에서 과연 어떻게 영으로 대화하고 있을지 궁금하다.

(3) 청교도를 사랑했던 "후대의 청교도"였던 패커

셋째로, 패커는 스스로도 그렇게 생각하였지만 그가 대학 때 발견한 청교도에 푹 빠져서 청교도를 연구하고, 청교도를 전하고,[48] 자기 자신이 청교도로 살기를 원했다고 할 수 있다. 앞서 말한 대로 그는 계속해서 성공회 안에 있으면서 성공회(the Church of England)를 성경적으로 변화시키기 원했다. 바로 이 점에서 그는 영국 교회 안에서 영국 교회를 변화시키기 원했던 청교도들을 아주 닮

---

[48] 그런 대표적 작업들로 다음을 보라: J. I. Packer, *Among God's Giants: Aspects of Puritan Christianity* (Eastbourne: Kingsway Communications, 1991)=*A Quest for Godliness: The Puritan Vision of the Christian Life* (Crossway Books, 1994).

았다. 대학 때 거의 실명한 은퇴하신 목사님께서 자신의
많은 책들을 옥스퍼드 기독학생회(Oxford ICCU, 현재 IVP의
전신)에 기증하셨을 때, 그 책들 가운데서 청교도들의 작
품들을 발견하고, 특히 오웬의 글을 읽었음을 밝히면서
자신은 그 누구보다도 오웬에게 가장 많은 영향을 받았
다고 공언하며, 자신은 후대의 청교도(a latter-day Puritan)
라고 말하기를 주저하지 않았다. 흔히 조나단 에드워즈
를 마지막 청교도라고 말하는데, 그 청교도의 유산을 오
늘날 새롭게 드러내는 일에 있어서 가장 큰 기여를 한 사
람의 하나로 패커도 언급하지 않을 수 없다.

(4) 개혁신학자 패커

넷째로, 신학 전반에서 그러하지만 특히 신론과 구원론
에 있어서 패커는 개혁신학을 잘 드러내려고 노력했다고
할 수 있다. 십자가에서 그리스도께서 우리를 대리하여
형벌을 받으셨음을 강조하고,[49] 하나님의 주권과 인간의
책임을 다 강조하고,[50] 신학의 모든 측면에서 개혁신학

---

[49] J. I. Packer, *What did the Cross Achieve? The Logic of
Penal Substitution* (Cambridge: Tyndale House, 1973).

[50] J. I. Packer, *Divine Sovereignty and Human
Responsibility* (Pensacola, FL: Chapel Library, 2002).

의 강조점을 잘 드러내는 그는 참으로 이 시대의 대표적인 개혁신학자였다. 모든 문제에 있어서 그는 개혁파적 성격을 잘 드러내고 있다.

특히 성령론에서 그가 미친 영향을 매우 중요하다. 그의 초기 논문이 케직 사경회가 지향하는 성령 세례와 소위 승리하는 그리스도인의 삶이라는 주제에 대해서 성경적인 입장을 잘 제시하는 것이었는데, 이는 후에 『성령을 아는 지식』에서 더 폭넓게 아주 잘 정리되어 있다.[51] 기본적으로 패커는 성령님을 성경이 가르치는 대로 알려고 한다. 그리하여 성경에 가르침에 따라서 믿음으로 칭의 받은 우리는 성령님 안에서 계속되는 성화를 추구하지만 이 세상에서 완전에 이를 수 없음을 성경이 증거하며 역사가 증거한다는 것을 잘 제시하여 소위 완전주의 (perfectionism)에 대한 성경적 비판을 잘 제시하여 가장 온전한 성경적 성령론을 잘 드러내고 있다.[52] 기본적으로 패커는 성령님 안에서의 삶을 강조하며,[53] 결국 성경을

---

[51] J. I. Packer, *Keep In Step With The Spirit: Finding Fullness In Our Walk With God* (F. H. Revell, 1984, reprinted 2005).

[52] 성령님 안에서의 그리스도인의 삶에 대한 패커의 논의에 대한 좋은 정리 논문으로 Don J Payne, *The Theology of the Christian Life in J. I. Packer's Thought: Theological Anthropology, Theological Method, and the Doctrine of Sanctification* (Colorado Springs: Paternoster, 2006)을 보라.

[53] J. I. Packer, *Life in the Spirit* (London: Hodder &

중심으로 사는 삶을 보이면서,[54] 특히 성령님의 인도를
받아 나가는 삶의 실제를 잘 제시하고 가르쳐 준다.[55]

(5) 패커에 대한 비판과 오해와 함의

이와 같이 철저한 패커가 미국 복음주의 성도요 교도소
선교회 사역을 하는 챨스 콜슨(Charles Colson)과 천주교
신부요 뛰어난 공적 신학의 선구자인 리쳐드 노이하우스
(Richard J. Neuhaus) 등과 함께 천주교인들과 같이 할 수
있는 영역이 있다는 문서에 서명하고,[56] 이를 설명하는
내용의 책을 편집하여 낸 『복음주의자들과 천주교인들이
함께: 공동의 사명 수행을 위하여』(Evangelicals and
Catholics Together – ECT: Toward a Common Mission)라는 책
에 기고하고,[57] 일정한 영역에서 복음주의자들과 천주교

Stoughton, 1996).

[54] J. I. Packer, *Truth & Power: The Place of Scripture in the Christian Life* (Wheaton, Ill.: H. Shaw Publishers, 1996).

[55] Cf. J. I. Packer, *Decisions – Finding God's Will: 6 Studies for Individuals or Groups* (Leicester: InterVarsity Press, 1996).

[56] 이 기본적인 문서는 "Evangelicals & Catholics Together: The Christian Mission in the Third Millennium", *First Things*, May 1994에 나왔었다.

[57] Charles Colson & Richard J. Neuhaus, eds., *Evangelicals and Catholics Together: Toward a Common Mission*

인들이 같이 할 수 있는 부분이 있다고 하자 굉장한 논쟁에 휘말린 적이 있다.[58] 마치 1966년 스토트와 로이드-존스의 분열 후에서 성공회에 속한 복음주의자인 패커와 콜린 부하난(Colin Buchanan)이 천주교인들(Anglo-Catholics)과 함께 『연합으로 위한 성장: 영국에서 연합된 교회 형성을 위한 제안들』이라는 책을 내었을 때[59] 로이드 존스 목사님께서 패커와의 관계를 끊고, 복음주의 잡지의 이 사회에서도 물러나게 하고, 그들이 함께 시작했던 청교도 컨퍼런스를 하지 않게 했던 것과 같은 반응, 아니 그보다 더한 반감들이 곳곳에서 제기된 바 있다. 이런 반감은 지금까지, 심지어 우리나라에서도 있다.

이 문제가 매우 복잡한 것은 패커가 그가 강조한 개혁자들과 청교도들의 칭의 이해에서 조금도 물러선 이해를 표명하고 있지 않았기 때문이다. 만일에 패커 등이 개혁파적인 칭의 이해에서 물러선다면 이에 대해서 모든

(Thomas Nelson, 2005).

58 가장 강력히 반대하면서 이의를 제기한 제임스 케네디, 존 F. 맥아더, 그리고 R. C. Sproul 등이었다. Cf. "Irreconcilable Differences: Catholics, Evangelicals, and the New Quest for Unity," (2016-06-12), available at: https://web.archive.org/web/20160612134234/http://www.gty.org/resources/Articles/A149/Evangelicals-and-Catholics-Together.

59 Colin O. Buchnan, E. L. Mascall, J. I. Packer, and The Bishop of Willesdem, *Growing into Union: Proposals for forming a united Church in England* (London: SPCK, 1970).

사람들이 강력한 문제 제기를 해야 하지만, 칭의 이해에 있어서 개혁자들의 이해가 성경적 입장이라는 것이 아주 확고하기에 이 천주교도들과 "함께한다"는 것이 사회적 목소리를 내는 도덕적 다수(moral majority) 운동 같은 데서의 함께함을 의미하는 것인지에 대한 질문이 많다. 그런데 그 정도는 맥아더나 스프라울이나 케네디도 다 동의하는 바이다. 단지 신학적인 일치가 있다고 말하고 서명한 것에 대한 문제 제기인데, 많은 분들은 사용된 용어가 명료하지 않아서 각기 다른 식으로 이해하면서 같이 한다고 한 것이 아닌가 생각된다.

아마 이 논쟁이 패커의 삶에서 가장 복잡하게 일어난 논쟁 같다. 이제는 이런 논쟁 밖에서 하나님의 품에서 쉬고 있는 패커는 이 땅에 있을 때보다 더 명확하게 하나님의 뜻을 생각하며 하나님께 찬양하고 있을 것이다.

(6) 패커와 우리

이제 우리들의 과제는 패커 등이 제시한 가장 성경적인 입장을 우리 시대에 잘 지켜내는 것이다. 그 노력을 다하고 후일에 주께서 우리를 부르시는 날에 우리도 주께서 "오직 그리스도의 공로에 근거해서" 우리를 "하늘"에서 받아주실 때 감사하면서, 이미 주님 품에서 안식하며 기쁨을 누리는 이 위대한 신앙의 역군들과 같이 유용하고 열매 있는 영적 대화를 할 수 있기를 바란다.

우리에게 패커같이 신실한 하나님의 신학자를 주셔서 20세기와 21세기 초까지도 하나님의 뜻을 잘 붙잡고 갈 수 있게 해 주심에 대해서 패커로 인하여 하나님께 감사하면서 패커를 불러 주께서 하신 일로 인한 짧은 생각을 마친다.

21세기 변증 목회의 모습

1. 21세기 변증 목회 개관

우리 시대에도 바른 기독교를 위해 애쓰는 사람들은 일종의 '변증 목회'를 한다고 할 수 있다. 특히 1980년대 이후 기독교계의 모습, 특히 미국 기독교계의 모습을 바라보면서 시대 전체를 진단하면서 문제점을 드러내고 바른 교회가 가야 할 반향을 잘 제시하고 있는 데이비드 웰스(David Wells, 1939-현재) 교수의 작업은 미국에서 시대 전체를 바라보는 이런 변증 목회적 작업을 했다. 전체적인 조망을 잘 제시하고 있기에 그는 이런 작업을 위한 역사적, 신학적 토대를 잘 제시하는 작업을 하고 있다고 할 수 있다.[60] 그러므로 그는 변증 목회의 신학적 토대를 잘 마련한 분으로 제시할 만하다. 특히 그의 새로운 "문화적 변증" 작업은 사람들이 오랫동안 연구해 볼 의미가 있는 작업이다.

웰스보다 훨씬 젊은 학자로서는 마이클 호튼(Michael Horton, 1964-현재)이 역시 신학 전체와 교계 전체를 바라보면서 교회가 나아가야 할 바른 방향을 잘 제시하는 변증 목회적 사역을 하고 있다고 할 수 있다. 그리

---

60 이에 대해서 이승구, 『현대 사회 속의 교회와 현대복음주의에 대한 데이비드 웰스의 처방』(서울: 말씀과 언약, 2021)을 보라.

고 이 두 분은 매우 성공적으로 자신들의 목소리를 미국과 전 세계에 잘 드러내고 있다고 할 수 있다.

현직 목회자로서 이런 작업을 하고 있는 이로는 역시 고든-콘웰 신학교에서 목회학 석사(M. Div.)를 하고 웨스트민스터 신학교에서 목회학 박사(D. Min.)를 하고, 뉴욕 맨하탄에서 수많은 젊은이들이 모여 성장하며 "맨하탄에서 가장 생동력 있는" 교회를[61] 이루고 있는 리디머 교회(Redeemer Church, PCA)의 팀 켈러(Timothy James Keller, 1950-현재) 목사님을 들 수 있을 것이다. 뉴욕 리디머 장로교회(Redeemer Church)에서의 설교 사역을 통해서, 그리고 그에 근거해서 나오고 있는 근자의 여러 책들을 통해서 팀 켈러는 기독교를 도전하는 이 세상의 여러 세력들을 잘 드러내고 그에 대해서 합리적인 논의를 잘 제시하고 있다고 할 수 있다.

특히 도킨스의 무신론 주장에 대항하여 하나님은 인간이 만든 것이 아니라는 점을 여러 면에서 논의하여 뉴욕 타임즈에 의해서도 주목을 받은 『살아 있는 신』(The Reason for God)과[62] 『거짓 신들의 세상』(Counterfeit Gods)

---

[61] Tony Carnes, "New York's New Hope," *Christianity Today* (1 December 2004) http://www.ctlibrary.com/ct/2004/december/15.32.html.

[62] Tim Keller, *The Reason for God: Belief in an Age of Skepticism* (Dutton Adult, 2008), 권기대 옮김, 『살아 있는 신』 (서울:

은 그런 작업을 잘한 대표적인 책이라고 할 수 있다.[63]

또한 최근에 그가 낸 정의란 무엇인가는[64] 마이클 샌델의 생각과 다르게 더 명확한 성경적 기준을 가지고 우리가 어떻게 정의를 말하고 관대한 정의를 실현할 수 있는지를 잘 제시한 변증 목회적 대표 저작이라고 할 수 있다. 비슷한 작업을 전문적 영역에서 한 사람들은 많이 있으나 켈러 목사님을 자꾸 언급하게 되는 이유는 그가 보다 많은 사람들은 위해 책을 내어 설복시키면서도 역시 리디머 교회를 통해서 이 작업을 목회적으로 감당하고 있기 때문이다.[65]

세상의 여러 문제들보다는 먼저 교회와 그리스도인들이 부딪치는 문제들에 대해서 성경적 입장을 잘 제시하려고 노력한 우리 시대의 목회자들로서는 개혁주의

베가북스, 2010). 사실 이를 프란시스 쉐퍼나 그와 비슷한 변증가들이 더 효과적으로 했었다고 할 수 있다. 그러나 이런 작업은 시대 시대마다 그 시대의 언어로 이루어져야 하기에 켈러의 책에 주목하는 것이고, 켈러는 현직 목회자로서 특정 교회의 담임목사로서 이와 같은 작업을 하였다는 점에서 우리도 주목하며 이를 변증 목회적 작업의 일부로 보는 것이다.

63 Tim Keller, *Counterfeit Gods: The Empty Promises of Money, Sex, and Power, and the Only Hope that Matters* (Dutton Adult, 2009), 이미정 옮김, 『거짓 신들의 세상』 (서울: 베가북스, 2012).

64 Cf. Tim Keller, *Generous Justice*, 『팀 켈러의 정의란 무엇인가?』 최종훈 역 (서울: 두란노, 2012).

65 다른 책들도 그렇지만 특히 성도들을 위해 써 준 Tim Keller and Katherine Leary Alsdorf, *Every Good Endeavor*, 최종훈 옮김, 『팀 켈러의 일과 영성』 (서울: 두란노, 2013)은 매우 의미 있는 작업이라고 할 수 있다.

적 침례교 목사인 그래서 우리 시대의 스펄전이라고 할
만한, 미네아폴리스의 베들레헴 침례교회에서 33년 동안
담임 목사직을 잘 감당하던 존 파이퍼(John Stephen Piper,
1946 -) 목사님, 그리고 탈봇신학교에서 목회학 석사(M.
Div.)를 하여 세대주의적 배경을 가지고 있으면서도 여러
면에서 개혁파적인 강조점을 잘 드러내는, 1969년부터
캘리포니아 썬 밸리(Sun Valley)의 그레이스 교회(Grace
Community Church)의 세 번째 담임 목사를 하면서 마스터
즈 대학교(Master's University)를 책임지고 있는 존 맥아더
(John F. MacArthur, 1939-) 목사님을 들 수 있을 것이다.[66]

　　이들이 같은 힘을 합하여 여러 사람들에게 성경
을 참으로 사랑하게 하며, 성경에 근거한 생각을 자극하
는 것은 매우 중요한 일이라고 하지 않을 수 없다. 이들
이 내는 책들은 많은 이들에게 상당히 좋은 영향을 미치
고 있다. 또 어떤 의미에서 이분들이 제시하는 방향대로
그리스도인들과 교회가 나아간다면 우리 시대의 교회가

---

　　[66] 우리가 잘 아는 더글라스 맥아더의 5번째 조카이기도 한 존 맥
아더는 그런 점에서 독특하다. 그는 아주 의식적으로 이런 입장을 주장하기
도 한다. 이에 대해서는 특히 다음의 글을 보라:http://www.gty.org/
resources/Sermons/90-334_Why-Every-Calvinist-Should-Be-a-Pre
millennialist-Part-1 따라서 그에게는 세대주의자라는 지칭과 칼빈주의자
라는 지칭이 같이 붙어 다닌다. (Cf. http://en.wikipedia.org/wiki/
John_F._MacArthur.) 이 둘을 어떻게 조화시킬 것이냐 하는 것이 맥아더의
큰 과제이고, 그가 성공적으로 이를 수행하면 우리들은 많은 세대주의자들을
더 옳은 방향으로 이끌 수 있는 굳건한 좋은 토대를 마련하게 될 것이다.

상당히 바람직한 방향으로 나갈 것이다. 이 두 분은 주로 교회가 직면한 문제들에 대해서 많이 논의하셨지만, 이 분들도 세상이 주는 도전에 대해서도 직면하여 언급하는 방향이 있으므로 훌륭한 변증 목회자들이라고 언급할 수 있다.

　　장로교 목사인 팀 켈러와 침례교 목사인 존 파이퍼, 세대주의 목사인 존 맥아더의 존재는 다양한 교단 안에서 성경을 중심으로 한 동일한 노력들이 나타날 수 있음을 잘 보여 주는 것이라고 할 수 있다. 그래서 이들은 때때로 같이 집회를 하면서 미국 교계와 세계 교계에 같이 영향을 미치기도 하는 것이다. 우리가 한국에서 변증 목회를 하려고 할 때 이런 분들의 예를 잘 참조하면 좋을 것이다.

2. 존 파이퍼의 변증 목회의 실례

휘튼 대학 출신으로 풀러신학교에서 목회학 석사를 하고 독일로 유학 가서 뮌헨 대학교(Ludwig Maximilian University of Munich)에서 신약학으로 박사 학위를 하고 벧엘 신학교

에서 6년 동안(1974-1980) 신약학을 가르치기도 했던 개혁
주의적 침례교(Reformed Baptist) 목사로 우리 시대의 스펄
전이라고 할 만한 존 파이퍼(John Stephen Piper, 1946-현재)
목사님은 미네아폴리스의 베들레헴 침례교회에서 1980
년부터 2013년까지 33년 동안 담임 목사직을 잘 감당하
면서 베들레헴 신학교를 잘 섬겼었고, 은퇴한 지금도
1986년에 그의 사역의 특성을 따라 이름이 붙여지고 설
립된 〈하나님을 갈망함〉(Desiring God Ministries:
desiringGod.org)이라는 사역 단체를 통해 여전히 활발하게
여러 사역을 감당하고 있다.

(1) 파이퍼 목회 전체의 주제: "하나님을 즐거워함"

존 파이퍼 목사님은 하나님을 즐거워하는 것을 그의 특
징이 되다시피 한 "하나님을 갈망함"(Desiring God)이라고
표현하기를 즐거한다. 그는 베들레헴 침례교회를 개척하
여 섬기기 시작한 6년째이자 그의 40세 되던 해인 1986
년에 『하나님을 기뻐하라』는 책의 초판을 썼다.[67] 그 기

---

[67] John Piper, *Desiring God: Meditations of a Christian Hedonist* (1986), revised edition (Sisters, Oregon: Multnomah Books, 2003). 박대영 옮김, 개정증보판, 『하나님을 기뻐하라』 (서울: 생명의 말씀사, 2009). 그것이 이 책의 원제목이고, 그의 사역 전체의 모토

본적인 내용은 1983년 베들레헴 침례교회에서 행한 설교들이었다고 한다(『하나님을 기뻐하라』, 14). 그리고 개정판을 쓰는 2003년에 이르는 17년 동안 이 책의 내용을 시험하고 이 책의 비전을 적용하면서 이 책에서 자신이 말하려던 바가 참되다는 것을 더 확신하게 되었다고 말한다. 즉, "여호와로 인하여 기뻐하는 것이 너희 힘이니라"(느 8:10)는 말씀이 결정적일 만큼 중요하다는 것을 더 느끼고 알게 되었다는 것이다. 왜냐하면 궁극적으로 "우리는 하나님 안에서 기쁨을 얻고, 하나님은 우리에게서 영광을 받으시기" 때문이다(『하나님을 기뻐하라』, 17).

모든 진정한 그리스도인들이 그렇게 느끼듯이, 진정으로 하나님을 기뻐하는 것은 인간의 본질이다. 인간들은 본질적으로 하나님을 기뻐하도록 창조함을 받았다. 그런데 하나님을 기뻐하지 않는 사태가 나타났고 그것이 죄인 것이다. 그러므로 모든 죄는 결국 그 본질인 "하나님을 기뻐함"을 저버린 것에서 나오는 것이라고 할 수 있다. 그리고 이것은 인간의 본질일 뿐만 아니라 우리의 모든 문제의 근본적 해결책이 되는 것이다. 우리의 문제는 근본적으로 하나님을 추구하고 하나님을 기뻐하지 않는 데에 있는 것이다. 그러므로 문제의 본질은 인간의

이다. Cf. Desiring God Ministries.

본질이요 모든 문제의 근본적인 해결책으로 "하나님을 기뻐함"을 잘 파악하는 것이다. 그것이 가장 근본적인 문제이기 때문이다.

파이퍼는 17세기 〈웨스트민스터 소요리 문답〉의 작성자들이 성경의 가르침을 총체적으로 요약하면서 인생의 제일 된 목적을 "하나님을 영화롭게 하고 영원토록 그를 즐거워하는[즐기는]" 것이라고 고백했던 바를 따르면서, 그 둘은 연관되는 것이라는 확신 가운데서 그것을 조금 손질하여 하나님을 즐거워함으로써(by) 하나님을 영화롭게 하는 것이라는 주장을 한다. 그리고 이것을 "기독교 희락주의(喜樂主義)"(Christian hedonism)라고 명명(命名)한 것이다. 그것을 때로는 하나님에 대한 갈망이라고 하기도 하고, 하나님의 뛰어나심을 인정하는 것이라고 표현하기도 하고,[68] 하나님에 대한 굶주림,[69] 또는 하나님을 즐기는 것이라고 표현하면서 이를 하나님의 기뻐하심과 연관시키기도 한다.[70] 또 때로는 믿음으로 사는 삶이나[71] 하나님을 향한 삶이라고 좀 더 일반적으로 표현하기

---

[68] John Piper, *The Supremacy of God* (Grand Rapids: Baker, 1990).

[69] John Piper, *A Hunger for God* (Wheaton, Ill.: Crossway, 1997).

[70] John Piper, *The Pleasure of God: Meditations of God's Delight in Being God* (Sisters, Oregon: Multnomah Books, 2000).

[71] John Piper, *The Purifying Power of Living by Faith in*

도 한다.[72] 그러나 그의 강조점은 하나님을 기뻐하고 즐거워해야 한다는 것이다. 그래서 그런 삶의 보편적 사명을 언급하면서 민족들로 즐거워하게 하라는 선교에 대한 책을 쓰기도 했다.[73] 기독교 희락주의를 제시하는 책에서 증보판에서는 고난에 관한 장(제10장: 기독교 희락주의의 희생)을 추가하여 진정한 그리스도인은 이 세상에서 고난 속에 있는 사람이라는 것도 강조하고, 그 이전에도 "특별히 오늘날 요구되는 것은 전시(戰時)의 생활양식"(wartime lifestyle)이라는 것을 강조한 바 있다(『하나님을 기뻐하라』, 259f.). 즉, 그리스도인들은 자신을 위해서는 검소하게 살면서 선한 사업을 많이 해야 한다는 것이다.

그러므로 사실 이 내용을 어떤 용어로 표현하든지 문제 될 것은 없다. 그런데도 파이퍼는 기독교 희락주의라는 용어에 애착(愛着)을 느끼면서 이를 변호하기를 즐겨한다.[74] 이것이 파이퍼 목사님의 장점이자 단점일 수 있다. 그는 복음 전도와 자신의 말하는 바의 효과적 전달

Future Grace (Sisters, Oregon: Multnomah Books, 1995).

[72] John Piper, A God-ward Life, 2 vols. (Sisters, Oregon: Multnomah Books, 1997, 1999).

[73] John Piper, Let the Nations be God: The Supremacy of God in Mission, 2nd revised and expanded edition (Grand Rapids: Baker, 2003).

[74] 이것이 머리말과 부록 2: "왜 기독교 희락주의라고 부르는가"(426-32)라는 내용을 형성한다.

을 위해 이 용어를 만들어 사용하고 변호하고 있다. 그렇게 할 때에 그가 말하려는 바에 충분히 동의하면서도 이 용어의 사용에 동의(同意)하지 않을 많은 사람들을[75] 놓칠 수도 있는 것이다. 파이퍼는 기독교 희락주의라는 용어를 옹호하기 위하여 "기독교 희락주의는 일반적인 도덕적 정당화 이론이 아니다", "내가 말하려는 건 하나님을 사랑하면 기쁨을 얻을 수 있기 때문에 선하다는 것이 아니다"(『하나님을 기뻐하라』, 29)와 같이 자신이 무엇을 말하는 것이 아닌가에 대해서 계속 말해야 하는 것이다. 이 모든 것은 이 용어를 버리고 단순하게 〈웨스트민스터 소요리 문답〉 제 1문을 그대로 사용하고 강조했으면 피할 수 있는 것이다. 그러므로 파이퍼 뿐만 아니라 누구든지 어떤 용어를 가지고 그에 집착(執着)할 이유가 없다는 것을 우리는 잘 관찰할 수 있다.

또한 파이퍼는 가끔 어떤 필연성(必然性)을 하나님께 부가하는 표현을 하기도 한다. 예를 들어서, 그는 "기쁨은 표현할 때 완전해진다"는 문단을 쓰면서, "우리가 감탄하는 것을 찬양할 수 없다면 우리의 기쁨은 온전하

---

75 그 대표적인 사람이 "파이퍼는 자신의 희락주의적 목적과 조화시키기 위해 웨스트민스터 소요리문답의 첫 대답을 바꿀 수도 있다"고 하면서 이 용어에 대해 비판하는 리처드 마우 같은 분이다. Cf. Richard Mow, *The God who Commands* (Notre Dame: Notre Dame Press, 1990), 33, 36.

지 못할 것이다"(61)고 하면서 "따라서 하나님이 우리의 기쁨을 충만하게 하실 만큼 우리를 사랑하신다면, 그분은 우리에게 자기 자신을 주셔야만 할 뿐만 아니라 우리 마음에서 우러나오는 찬양을 받으셔야 한다"(61)고 말하고 있는데, 존 파이퍼는 그런 의도가 없음에도 불구하고 잘못하면 이런 표현에 어떤 필연성이 하나님께 돌려 드리는 문제가 나타날 수 있다. 또한 "하나님은 온 마음과 온 뜻을 다해 영원한 기쁨을 추구하는 우리의 노력에 참여하신다"와 같은 표현도(66), 파이퍼의 의도가 왜곡(歪曲)될 수 있는 길을 열 수도 있는 안타까운 표현이라고 할 수 있다.

그러나 일반적으로 파이퍼는 균형 잡혀 있고, 현대에 나타나고 있는 여러 가지 다른 시도들에 대해서 성경적으로 균형 있는 비판을 하면서 정통적 기독교를 충실히 현대 사회에 제시하는 대표적인 목회자라고 할 수 있다. 예를 들어서, 그는 하나님의 주권을 매우 강조하고,76 믿지 않고 죽는 사람들의 영혼은 결국 소멸되고 마는 것이라는 다양한 영혼 소멸설(annihilation theory)을 정당하게 비판하고 있으며,77 지옥을 교정(敎正) 장소(場所)

---

76 Piper, *The Supremacy of God*; idem, *The Pleasure of God*, 47-75, 121-55; *The Justification of God* (Grand Rapids: Baker, 1993); 『하나님을 기뻐하라』. 40.

77 Piper, *Let the Nations be God*, 제 4장; Piper, 『하나님을

라고 보아 한시적(限時的)인 것으로 여기는 조지 맥도날드
의 입장을[78] 바르게 비판하고 있다.[79] 또한 현대의 다른
경향에 의식적으로 반대하면서 파이퍼는 그리스도의 의
(義)의 전가(轉嫁)로서의 칭의(稱義)를 강조하는 정통적 교
리를 옹호하는 좋은 작업을 하기도 했다.[80]

(2) 〈생각하라〉는 도전

둘째로 생각해 보려고 하는 존 파이퍼의 『생각하라』는[81]

기뻐하라』. 72.

[78] Cf. George MacDonald, *Creation in Christ*, ed. Rolland
Hein (Wheaton, Ill.: Harold Shaw, 1976), 63-81.

[79] Piper, 『하나님을 기뻐하라』. 73. 파이퍼와 같은 입장은 모
든 정통주의자들의 입장이기도 하다. 이런 입장에 선 또 다른 사람을 하
나 언급하자면 J. I. Packer, "Good Pagans and God's Kingdom,"
Christianity Today 17 (17 January 1986): 22-25; idem, "The
Problem of Eternal Punishment," in *The J. I. Packer Collection*
(Downers Grove, Ill.: IVP, 2000), 210-26을 보라. 또한 이승구, 〈〈전
환기의 개혁신학〉〉 (서울: 이레서원, 2008), 25-31, 175-77 등도 보라.

[80] John Piper, *The Justification of God* (Grand Rapids:
Baker, 1993); Piper, *The Future of Justification* (Wheaton, Ill.:
Crossway, 1997); Piper, *Counted Righteousness in Christ* (Wheaton,
Ill.: Crossway, 2002); Piper, 『하나님을 기뻐하라』. 77.

[81] John Piper, *Think: The Life of the Mind and the Love
of God* (Wheaton, Illinois: Crossway Books, 2010), 전의우 옮김, 『존
파이퍼의 생각하라』 (서울: IVP, 2011). 좋은 책을 빨리 번역해준 출판사
와 역자에게 우리 모두 감사해야 할 것이다. 이하 이 책으로부터의 인용은
번역본에 근거하여 본문의 ( ) 안에 면수만을 밝히는 식으로 하기로 한다.

그 자체로도 매우 중요하고, 우리들이 이 책의 조언을 깊이 생각하며 그에 따라야 할 책이라고 하지 않을 수 없다. 이 책이 말하는 바는 파이퍼가 이 책을 헌정하고 있는 휘튼대학교 1968년 동기생들 두 사람(Mark Noll and Nathan Hatch) 중의 한 사람이고, 이 책의 추천 서문을 쓴 마크 놀(Mark Noll) 교수가 잘 표현하고 있듯이, 잠언 2장과 디모데후서 2장에 근거해서 그리스도인들로 깊이 생각하라고 하는 책이다. 그래서 책 제목이 아주 노골적이게 『생각하라』고 되어 있다. 파이퍼는 모든 정상적인 사람은 다 "학생 또는 학자", 즉 "깊이 생각하며 공부하거나 연구하거나 살피는 모든 사람"이라고 본다(15). 그러므로 "이 책의 목적은 하나님을 아는 참된 지식에 이르는 진지하고 성실하며 겸손한 생각을 독려하는 것이다"(20).

이런 요청이 필요하고 이런 내용으로 책을 내는 것이 필요했던 것은 많은 그리스도인들이 잘 생각하지 않고 믿으며 산다는 현상 때문이다. 마크 놀이 표현한 대로 오늘날에는 보수적인 교회들에서도 "생각하지 말고 느낌에 따라 즉흥적으로 행동하라고 부추기는 면이 적지 않다"(11). 우리들 가운데 반지성주의가 힘을 발휘하고 있는 것이다. 오스 기니스가 표현한 바와 같이 많은 소위 "복음주의자들이 생각하지 않는다."[82] 또한 생각을 믿음과 대조시키는 경향이 많다. 그러나 그런 "기도가 빠진 생각, 성령이 빠진 생각, 순종이 빠진 생각, 사랑이 빠진 생각은 교만해져 무너지고 만다(고전 8:1)"(29).

이런 잘못된 성향에 대항하여서 파이퍼는 **성경적인 입장**을 표현하는 바 (1) 최대한 분명하게 생각하되, (2) 하나님과 사람들에 대한 사랑을[83] 가지고 생각하라고 한다. 파이퍼는 하나님과 이웃을 "사랑하는 한 방법이 **진지한 사고**"라고 표현하기까지 한다(13). 생각하는 기능은 우리가 "하나님을 알고 그분을 사랑하며 사람들을 섬기라고 주신 수단들" 가운데 하나이므로, 이 생각하는 기능을 그 본래적 의미로 제대로 사용하자는 것이다(16, 18). 다시 말해서, "하나님을 사랑하고 이웃을 사랑하려면 지성을 단단히 활용해야 하며, 이것을 뒷받침하는 성경적 기초는 깊고 튼튼하다"는 것이다(19). "하나님을 알려고 힘쓸 때 깊이 생각하지 않으면 사랑의 불은 꺼지고 만다"(20, 194).

---

[82] Os Guinness, *Fit Bodies Fat Minds: Why Evangelicals Don't Think and What to do about It* (Grand Rapids: Baker, 1994).

[83] 파이퍼는 한 곳에서 이 둘의 관계에 대해서도 정확한 지적을 한다: "진정한 하나님 사랑은 이웃 사랑을 낳는다. … 이웃을 향한 생각과 사랑의 행위가 하나님 사랑하기와 똑같지는 않다. 이웃을 향한 생각과 사랑의 행위는 하나님을 향한 사랑의 넘침 혹은 열매이다"(100). 또 다른 곳에서는 "하나님을 참되게 알면 하나님을 사랑하게 되고, 하나님을 사랑하면 이웃 사랑이 넘쳐난다"(181). 이와 비슷한 논의로 Seung-Goo Lee, *Kierkegaard on Becoming and Being a Christian* (Zoetermeer: Meinema, 2006), 2장을 보라.

그러나 제대로 된 "생각은 하나님을 향한 열정에 이르는 필수적인 길이다. 생각은 그 자체가 목적이 아니다. 하나님 이외에는 아무것도 자체로서 최종 목적이 될 수 없다"(29). 생각은 하나님을 알고 사랑하는 데 사용되는 도구이다. 그러므로 제대로 된 생각은 "하나님의 강한 손 아래서 하는 생각, 기도에 젖은 생각, 성령의 인도를 받는 생각, 성경에 매인 생각, 하나님의 영광을 찬양하고 선포할 더 많은 이유를 찾는 생각, 사랑으로 섬기는 생각"이다(29). 또는 "겸손하고, 성실하며, 기도하고, 성령을 의지하는 꼼꼼한 생각"이다(142, 181). 이런 파이퍼의 의도를 이미 1911년에 워필드(B. B. Warfield)가 잘 표현한 바 있다: "열 시간 공부하기보다는 십분 기도하면 하나님을 더 참되게, 더 깊게, 더 실질적으로 알게 된다고 말하는 사람들이 더러 있습니다. 이런 사람들에게는 이런 대답이 제격입니다: 그렇다면 기도하면서 열 시간 공부를 하면 어떨까요?"[84] 이런 생각 때문에 "기독교가 전파되는 곳이면 어디든지 학교가 세워졌다" 또한 "한 지역의 기독교 역사가 길어질수록 교육 기관은 더 진지하고 더 철저해졌다"(204).

---

[84] Benjamin B. Warfield, "The Religious Life of Theological Students," in *The Princeton Theology*, ed. Mark Noll (Grand Rapids: Baker, 1983), 263.

그러므로 제대로 된 생각, 성령이 주신 지성을 사용하면 "하나님을 알 수 있고"(103), 그를 사랑하게 된다. 그리고 지성을 다해 하나님을 사랑한다는 말은 "하나님을 최고로 소중하게 여기려는 목적에서 그분을 알기 위해 자신의 사고력을 동원한다는 것이다"(103). 그러므로 이런 생각은 파이퍼를 그렇게 이끈 것과 같이 "번번이 예배에로 이끈다"(28), 또한 시편 기자가 말하는 것과 같이 "묵상할 때에 불이 붙는 것이다"(시편 39:3)(29).[85]

더 나아가 13장에서는 아예 "하나님과 이웃을 사랑하기 위한 학문"에 대해서 논의하기도 한다(195). 그에 의하면 모든 분야의 학문은 "궁극적으로 예수 그리스도를 통해 하나님을 알고 사랑하며 사람을 사랑하기 위해 존재한다"(21, 197, 205). 그러므로 "만물에서 하나님의 영광을 찾으려는 영적 감정이 그리스도인의 학문에 스밀 때, 기독교 학문은 위협을 받는 것이 아니라 도움을 받는다"고 파이퍼는 말한다(198). 그래서 그는 "하나님을 느끼

---

[85] 우리 말 개역에서는 "화가 발하니"라고 언급하고 있다. 그러나 파이퍼 같은 이해는 청교도 Thomas Goodwin의 논의 속에 나타나고 있다: "생각과 감정은 상호 원인(*sibi mutuo causae*)이 된다. "[내가] 묵상할 때에 불이 붙으니"(시 39:3) 그러므로 생각하면 감정이 일어나고 타오른다. 감정이 타오르면 생각이 끓는다. 따라서 이제 막 하나님께 돌아온 사람들, 새롭고 강렬한 감정을 가진 사람들은 어느 때보다 하나님을 기쁘게 생각할 줄 안다"("The Vanity of Thoughts," *The Works of Thomas Goodwin*, 12 vols. (Eureka, Ca: Tanski Publications), 3: 526-27, Piper, 103에서 재인용).

고 맛보는 영적 감각이 없으면, 즉 하나님이 지으신 만물에서 그분의 영광을 보는 능력이 없으면 우리는 기독교 학문을 하지 못한다"고 말한다(199). 따라서 기독교 학문을 하려면 "반드시 거듭나야 한다"(199). 그 역으로, "어느 분야에서든지 하나님의 영광을 생각하지 않고 연구한다면 그것은 학문이 아니라 반란"이라고 파이퍼는 강하게 말한다(198).

또한 파이퍼는 그런 바른 생각은 전혀 지적인 교만을 드러내는 식으로 나아갈 수 없다는 것을 분명히 한다. 왜냐하면 "깊이 생각하는 사람은 겸손"하기 때문이다(20, 181).[86] "은혜가 역사하면 생각은 겸손한 지식으로 들어가는 입구가 된다"(20). 또한 파이퍼는 부지런히 연구하되, 동시에 하나님의 은혜에 의존하는 것이 가능하다는 가장 근본적인 성경적이고 기독교적인 입장을 말하는 것이다. 그래서 파이퍼는 **"생각하라, 그러나 생각할 때 자기 자신에게 지나치게 감동하지는 말라"**는 흥미로운 권면을 하고 있다(16).

그러므로 이 책은 한편으로는 일부 교계에서 성행하고 있는 반지성주의(anti-intellectualism)를 극복하게 하는 책이며, 또 한편으로는 근대 이후에 유행하고 있는

---

86 "반면에 경솔한 신비주의자는 오만하다"(20), 181는 것도 파이퍼는 잘 대조하면서 지적한다.

상대주의적 관점의 문제점을 지적하여 상대주의를 피하도록 하는 책이다. 파이퍼는 "상대주의가 지적으로 설득력이 없을뿐더러 도덕적으로도 바르지 않다"는 것을 잘 논의한다(19, 109-34). 또 한편으로는 이 책의 작성에 직접적 자극을 준 기독교 철학자인 니콜라스 워터스토르프(Nicholas Wolterstorff)가 지적한 "과도한 지성주의"(over-intellectualism)를[87] 벗어나도록 하는 책이다.

그러므로 모든 사람들이 성경을 따라서 정상적(正常的)으로 생각하며 산다면 이 책은 우리에게 주어질 필요가 없는 책이다. 모든 진정한 그리스도인들은 마크 놀이 그리 생각하듯이 "세밀한 연구는 하나님이 명령하신 필수 과제이지만 이것이 하나님의 은혜를 온전히 의지하는 것을 … 대신할 수 없다"는 데에 동의하기 때문이다(11). 파이퍼 자신도 이 책은 다른 복음주의자들이 이런 주제로 쓴 여러 책들과 비교해서 더 뛰어나지 않으나 성경의 해석을 더 분명히 하고 있다는 점에서 의미를 지닐 수 있다고 한다.

이미 오래 전인 1963년에 해리 블레마이어(Harry Blamires)가 "세속적 사유와 대조해서, 우리의 사회생활,

---

[87] 이는 Nicholas Wolterstorff, "Thinking with Your Hands," *Books and Culture* (March/April 2009), 30에서 잘 비판되고 있다.

정치생활, 문화생활에 뚜렷하고 일관된 영향을 끼치며 제대로 역할을 하는 '기독교적 사유'가 없다"고 안타까워하면서 "그리스도인은 어떻게 생각하여야 하는가"에 대해서 논의한[88] 후에 1994년 이후로 많은 분들이 기독교적 지성에 대한 많은 논의를 하여 왔다.[89] 파이퍼의 이 책은 이런 논의에 성경적 토대를 더 분명히 하는 기여를 하고 있다고 할 수 있다.

파이퍼가 생각하는 기능, 이성을 믿음과 대조시키지 않는 이런 성경적이며 기독교적인 입장을 더 분명히 드러내었다면 하는 안타까움이 있다. 또한 우리의 "지성이 죄의 영향으로 왜곡되었다"는 것을 언급하는 것(18, 79) 이상으로 더 강하게 논의하였더라면 하는 아쉬움도 있다. 이런 점들을 좀 더 일관성 있게 논의하였더라면 이

---

[88] Harry Blamires, *The Christian Mind: How Should a Christian Think?* (London: SPCK, 1963), 6.

[89] Mark A. Noll, *The Scandal of the Evangelical Mind* (Grand Rapids: Eerdmans, 1994); Guinness, *Fit Bodies Fat Minds* (1994); J. P. Moreland, *Love Your God With All Your Mind: The Role of Reason in the Life of the Soul* (Colorado Springs: NavPress, 1997); James W. Sire, *Habits of the Mind: Intellectual Life as a Christian Calling* (Downers Grove, IL: IVP, 2000); Clifford Williams, *The Life of the Mind: A Christian Perspective* (Grand Rapids: Baker Academic, 2002); Gene Edwards Veith, Jr., *Loving God With All Your Mind: Thinking as a Christian in the Postmodern World,* revised edition (Wheaton, IL; Crossway, 2003); Mark A. Noll, *Jesus Christ and the Life of the Mind* (Grand Rapids: Eerdmans, 2011).

책은 이 문제에 대한 모든 논의에 성경적 토대를 분명히 하는 최고의 책이 되었을 것이다.

그러나 오늘날의 모든 잘못된 생각들인 성경 비평과 천주교나 (바울에 대한) 새관점적 칭의 이해, 상대주의, 종교다원주의, 만인구원론과 영혼멸절설, 낙태 옹호와 페미니즘, 이혼과 동성애, 인종차별과 자민족 중심주의, 그리고 소비주의와 물질 중심주의, 심지어 알미니안에 대해서도 이런 곳들이 지금도 전투가 벌어지고 있는 몇몇 격전지라고 밝히면서(236) 이에 대해서 정확히 성경적 입장을 밝히고 있는 파이퍼의 생각하기를[90] 따라가는 것은 매우 중요한 것이다.

(3) 존 파이퍼 목사님의 목회와 설교의 특성

이 시대에 가장 건실하게 목회하고 하나님 말씀을 제대로 설교하여 그 말씀에 근거해 교회를 잘 인도한 목회자들 중의 한 사람인 존 파이퍼가 자신의 사역의 특색을 제시한 책은 우리의 관심을 끌기에 충분하다.[91] 2012년 말

---

[90] 이에 대해서 Piper, 『존 파이퍼의 생각하라』, 236-39를 찬찬히 읽어 보라.

[91] John Piper, *Doctrine Matters* (Minneapolis, MN, 1013), 오현미 옮김. 『독트린 매터스』 (서울: 복 있는 사람, 2014).

에 파이퍼가 자신의 32년의 목회 사역의 신학적 특색 (theological trademark)으로 10가지를 뽑아 설교한 것에 근거해서 그의 팀에 속한 조나단 파넬과 데이비드 매티스, 토니 레이크가 1980년 이후의 파이퍼 목사님의 설교 1,200편을 검토하면서 파이퍼의 강조점을 다시 잘 정돈하여 제시한 것이 2013년에 나온 이 책이다. 한 목회자가 자신의 사역을 어떻게 이해하고 있는지를 잘 드러내면서 거의 마지막 유언처럼 베들레헴 침례교회 성도들과 나눈 말씀이요, 그것을 잘 정돈하고 요약하여 제시하는 그의 팀의 사역에 대해서 우리들은 감사하면서 파이퍼의 말을 경청해야 할 것이다.

모든 관찰자들이 그렇게 느껴 왔고, 또 파이퍼 자신이 이 책에서 잘 말하고 있듯이 파이퍼의 사역과 설교의 가장 큰 특성은 "교리 설교"이다. 그것을 얼마나 중요하게 생각하는지 파이퍼 자신은 이 책 제목을 **"교리가 중요하다"**(Doctrine matters)고 붙일 정도이다. 그리고 그 교리를 말하는 조직신학은, 이 책의 편집자인 조나단 파넬이 잘 표현하고 있는 바와 같이, "눈부시게 장엄하다"(13). 매주 특정한 사람들에게 선포되는 설교를 통해서 이 신학이 선포되고 제시된다. 그 결과 "예수 그리스도의 영광을 위해 큰 꿈을 꾸고 더 큰 위험을 무릅쓰지 않을 수 없게" 되어야 제대로 설교한 것이고, 이 책이 말하는 바가 이루어지는 것이다. 그러므로 파이퍼는 자신이 이런 식으로 생각하면서 설교하고 목회했음을 드러내면서 이 땅의 모든 목회자들이 다 그와 같이 하기를 원하는 것이다. 그렇다면 파이퍼는 무엇을, 어떻게 설교하였는가?

A. 무엇을 설교할 것인가?

다른 것이 아니라 "성경이 말하는 교리이다." 그는 자신이 설교하는 교리들이 "모두 성경에 널리 기초를 두고 있으며, 하나님의 백성의 역사에 깊이 뿌리를 내리고 있다"고 말한다(124). 그리고 이 진리들은 "길들일 수 없을 만큼 거칠고, 억제할 수 없을 만큼 폭발적이며, 전격적으로 미래를 창조"한다고 그는 확신한다(21). 성경적 진리는 미래를 창조하고 형성한다는 말이다.

그런 성경적 교리 중에서 파이퍼는 자존하시는 하나님("하나님이 자존하시는 분이라는 것보다 더 기본적인 사실, 더 궁극적 사실은 세상에 없습니다", 22), 하나님의 영광, 하나님의 영광을 참으로 기뻐하고 즐거워함(파이퍼는 이를 '기독교 희락주의', 또는 이 책이 번역하는 대로 '기독교 기쁨주의'라고 부른다), 하나님의 주권을 참으로 인정하고 삶, 그리스도 안에 있는 하나님의 복음, 선교, 그리스도인의 삶, 성도의 견인, 성경이 말하는 남성으로 사는 일과 성경이 말하는 여성으로 사는 일, 그리고 고난 속에서도 항상 기뻐하는 삶을 제시하면서, 그것이 자신의 32년 설교 목회의 특성(trademark)이라고 제시하는 것이다. 그러나 사실 이것은 파이퍼만 말하는 것이 아니고 성경을 제대로 가르치는 모든 사람들이 말하고 강조해 온 것이다.

그러므로 중요한 것은 무엇보다도 이 책 제목이 말하는 대로 교리이다(Doctrine Matters). 이것은 탈(脫)-교리화하는 이 시대에 가장 필요한 메시지가 아닐 수 없다. 성경이 말하는 그 교리가 우리들이 설교해야 할 내용이고, 우리들이 강조해야 할 것이다.

이 중에서 파이퍼가 강조하는 하나님의 영광과 기독교 기쁨주의에 대해서는 그동안 논의가 많았으므로, 고난 속에서 기뻐하는 성도에 대해서 말하는 바와 주목해 보고자 한다. 모든 진정한 복음 설교자는 그리스도인은 항상 고난 가운데 있다는 것을 강조해 왔다. 번영을 강조하는 번영의 복음은 성경의 가르침과는 전혀 다른 비기독교적인 것이다. 그런데 진정한 그리스도인은 고난 가운데서도 늘 기뻐하니, 그 이유는 베드로전서 4:12-13에 말하는 바와 같다고 한다. 즉, (1) 고난은 예기치 않은 일이 아니고 하나님의 계획 안에 있기 때문이며(252), (2) 고난은 그리스도와 연합한 증거이고(255), (3) 고난은 영광중에 더 큰 기쁨에 이르기 위한 수단이고(256), (4) 고난 중에도 하나님의 영이 함께 계시기 때문에(257), (5) 고난 중에서 기뻐하는 것이 하나님을 영화롭게 하기 때문에(258), 그리고 (6) 고난 속에서도 하나님은 우리 영혼을 보살피시는 신실하신 하나님이시기 때문에 기뻐해야 하다는 것이다(259).

B. 어떻게 설교하는가?

위에서 우리는 파이퍼가 '성경이 가르치는 교리를 설교한다'고 했다. 그런데 파이퍼는 그것을 어떻게 설교하기에 사람들이 잘 듣고 복음에 충실한 사람들로 변화되어, 헌신하는가? 목회자들이 궁금해하는 것은 여기에 있을 것이다.

(1) 파이퍼는 자신이 말하는 성경적 가르침이 무엇인지를 **정확히 알고 설교한다.** 그러므로 그의 설교는 모호하지 않고, 자신이 강조하고자 하는 바를 아주 분명히 각인시키는 것이다.

(2) 자신이 말하려는 바를 **그날의 본문의 내용으**

로부터 끌어내어 말한다. 자신의 설교 본문을 아주 적절하게 인용하여 그것에 사람들이 집중하게 하는 것이다. 그러므로 그의 설교를 듣는 사람들은 자신들이 성경의 가르침을 받고 있다는 것을 분명히 의식하고, 하나님께서 원하시는 것을 한다는 생각을 가지게 되는 것이다. 파이퍼 개인의 의견을 듣는 것이 아니라, 하나님께서 그의 말씀이신 성경을 통해서 하시는 말씀을 듣고 있다고 생각하게 하는 것이다.

(3) **목적하는 바가 아주 명확하다.** 각각의 설교에서도 그렇고, 그의 사역 전체를 통해서도 그러하고, 이 책에서도 파이퍼는 자신의 "궁극적 목표는, 예수 그리스도를 통해 만인의 기쁨을 위해 만사에서의 하나님의 주권에 대한 열심을 확산시키는 것"이라고 한다(20). 하나님의 절대 주권에 대해 성도들이 열심을 가지도록 하는 것이 그의 사역과 설교의 목적이었던 것이다. 그는 기쁨을 설교하고 강조하지만 결국 하나님의 절대 주권을 인정하고 그에 충실할 때만 진정한 기쁨이 있다는 것을 아주 명확히 하는 것이다.

(4) 우리는 어떻게 할 것인가?

우리가 그저 파이퍼는 이런 내용을 이렇게 설교했다고 끝낸다면 그것은 사실 무의미하다. 중요한 것은 이 한국 땅, 교리를 무시하는 이곳에서도 우리는 **성경적 교리를 확신을 가지고, 성경 전체의 사상에 근거해서 확신을 가지고 선포해야 한다**는 것이다. 모든 하나님의 백성들이 하나님의 엄위 앞에 진정으로 예배하며 찬양할 때까지 말이다.

IV.

변증 목회에서 유의할 점

이런 예들을 참조하면서 우리들이 이 시대에 이 사회 속에서 변증 목회를 하려고 할 때 유의할 점은 어떤 것일까?

제일 큰 문제는 기독교를 변증하려고 하다가 기독교를 오해하게 만들어서는 안 된다는 점이다. 초기 변증가들이 기독교가 합리적이라는 것을 잘 드러내기 위해서 하나님과 성도들이 생각하는 "합리적"이라는 말과 불신자들이 말하는 "합리적"이라는 말이 같은 것을 뜻할 수 있다는 인상을 주어서 오늘날까지 많은 사람들이 이 문제에 대해서 논의할 때 매우 복잡한 정황을 만들어 낸 것과 같이, 기독교를 변증하려는 좋은 동기를 가지고 작업하면서 결국 기독교에 심각한 문제를 남기게 되는 일을 하지 말아야 한다.

특히 기독교가 이 세상적인 의미에서 합리적인 것이라는 시사를 남기는 것이 어떤 결과를 남기는지를 깊이 있게 유념해야 한다. 사실 영국에서 이신론(Deism)이 어떤 과정을 걸쳐서 나타나게 되었는지를 살펴보면, 이와 같은 작업이 종국적으로는 얼마나 심각한 문제를 발생시킬 수 있는지를 잘 알 수 있게 된다. 여기서도 "미끄러운 경사길" 논의를 적용해서 생각해 볼 만하다. 비성경적인 생각 하나를 허용하면 시간이 지나면 점점 더 많은 것을 허용하게 되는 것이다.

복음이 이 세상의 관점에서는 부끄러워할 만한 것으로 나타난다는 것을 늘 유념하면서 그렇게 이 세상적 관점에서는 부끄러워할 만한 것으로 보이는 복음을 부끄러워하지 않는 방식으로 변증적 작업을 해야 한다.[92] 복음을 **이 세상적 관점에서** 부끄러워하지 않을 것, 멋있는 것, 보기 좋은 것, 유익한 것으로 제시하는 것은 결국 이 세상에 기독교와 복음이 사라지게 하는 결과를 가져온다. 예를 들어서, 이전 시대에 어떤 의미에서 삼위일체적 역사 해석을 제시했으나 결국 그런 해석에 따르면 성경적인 기독교가 이 땅에서 사라지도록 했던 헤겔(Hegel, 1770-1831)의 작업과 헤겔 우파의 여러 사람들, 특히 그런 신학자들의 작업이 가져온 심각한 결과를 눈여겨보아야 한다.

이런 신학자들로 분류되는 분들 가운데서, 1795년에 하이델베르크 대학 교수가 되어 쉘링과 칸트와 결국 헤겔의 관념으로 교의학을 설명하려고 노력했고, 결국 예수님이 신성과 인성의 연합임을 헤겔적으로 이해하고 역사를 해석하려는 일에 몰두했던 **Karl Daub** (1765-1836), 헤겔 우파의 지도자로 여겨지며 1811년 베를린 대학 교수가 되

---

92 이 점에 대한 논의로 이승구, "바울의 복음 이해와 전도 태도", 이승구, 『개혁신학에의 한 탐구』 (서울: 웨스트민스터출판부, 1995), 337-41을 보라.

고 1820년에 베를린 삼위일체 교회의 설교자로 슐라이어
마허와 같이 사역했으며 모든 기독교 교리를 헤겔 철학의
용어로 설명하고 헤겔의 유고들을 공동 편집해 내었고
(1832-1845) 특히 헤겔에 대한 강의들(*Lectures on the
Philosophy of Religion*)을 편집한 **Philip Marheineke** (1780-
1846), 헤겔의 변증법을 차용해서 유대적 기독교를 대변하
는 베드로적 기독교와 이방인 기독교를 대변하는 바울적
기독교의 합(合, the synthesis)으로 2세기 기독교가 성립되
었다고 하면서 이런 소위 경향 비판을 사도행전 연구에 도
입한 소위 신(新) 튀빙겐 학파의 대표자로 떠올랐던
Ferdinand Christian Baur (1792-1860),[93] 바우어에게 배
우기도 하고 결국 튀빙겐 대학교에서 가르치다가 가르치
는 일도 포기하면서 그가 전심으로 써서 27살에 낸『예수
의 생애』(*Das Leben Jesu*, 1835-1836)를 통해서 소위 예수에
대한 역사적 탐구를 제시하고 예수님의 신성을 부인하는
입장을 가졌을 뿐 아니라, 두 권으로 낸『기독교 신앙론』
(*Christliche Glaubenslehre*, 1840-41)에서는 기독교 교리사를
기독교 교리의 해체의 역사(the history of their disintegration)
로 설명해 내었고, 그의 선생이기도 한 슐라이어마허의 예
수의 생애를 비판한『신앙의 그리스도와 역사의 예수』(*Der
Christus des Glaubens und der Jesus der Geschichte*, 1865)라는

---

93 바우어와 튀빙겐 학파에 대한 자세한 설명으로 Horton
Harris, *The Tübingen School: A Historical and Theological
Investigation of the School of F. C. Baur* (Grand Rapids, Mich. :
Baker Book House, 1990)을 보라.

책을 통해 이 용어를 널리 퍼뜨리는 데 기여한 **David Strauss** (1808-1874),[94] 비엔나와 키엘(Kiel)의 교수를 거쳐 결국 예나 대학교 교수를 하면서 신칸트 학파 입장에서 헤겔적인 통일을 좀 더 강조하면서 릿츨의 이원론적 입장을 비판했던 비판적인 신학자 **Richard Adelbert Lipsius** (1830-1892), 역시 튀빙겐에서 바우어에게 배우기도 하고 영국과 스코틀란드에서도 공부하여 영어로 작업도 많이 하고[95] 후에 1885년에 히버트 강연과[96] 1894년의 기포드 강연("The Philosophy and Development of Religion")도 한 **Otto**

---

[94] 스트라우스에 대한 이른 시기의 설명 중 하나로 Eduard Zeller, *David Friedrich Strauss in His Life and Writings* (London: Smith, Elder, 1874)을 보라.

[95] Otto Pfleiderer, *Paulinism: A Contribution to the History of Primitive Christian Theology*, vol. 1: *Exposition on Paul's Doctrine*, trans. Edward Peters (London & Edinburgh: Williams and Norgate, 1877); vol. 2: *The History of Paulism in the Primitive Church* (London& Edinburgh: Williams and Norgate, 1877); *The Philosophy of Religion on the Basis of Its History*, 4 vols. (London & Edinburgh: Williams and Norgate, 1886–1894); *The Development of Theology in Germany since Kant: and Its Progress in Great Britain Since 1825*, trans. John Frederick Smith (London: S. Sonnenschein; New York: Macmillan, 1890); idem, *Evolution and Theology and Other Essays*, edited by Orello Cone (London: Adam & Charles Black, 1900); idem, *Primitive Christianity: Its Writings and Teachings in Their Historical Connections* (London: Williams and Norgate & New York: Putnam, 1906), idem, *Religion and Historic Faiths*, trans. Daniel Adolph Huebsch (New York, B. W. Huebsch, 1907); idem, The Development of Christianity, trans. Daniel Adolph Huebsch (New York, B. W. Huebsch, 1910).

[96] 그 내용을 출판된 것이 Otto Pfleiderer, *Lectures on the Influence of the Apostle Paul on the Development of Christianity* (London and Edinburgh: Williams and Norgate, 1885)이다.

Pfleiderer (1839-1908), 또한 덴마크 코펜하겐 대학교의 교의학 교수였던 Hans Lassen Martensen (1808-1884)[97] 등의 작품을 보라.

또한 이들을 비롯하여 독일에서 문화 개신교 (culture Protestantism) 현상을[98] 만든 여러 신학자들이 결과적으로 성경적 기독교에 어떤 해를 끼쳤는지를 심각하게 생각해 보아야 한다. 그런데 문제는 이분들만 그렇게 한 것이 아니라는 데에 있다.

둘째는, 그와 비슷한 문제로, 기독교의 여러 부분을 잘 제시하고 잘 변증하면서 성경적 기독교의 어떤 모습은 희미하게 하거나 가리거나 제거되도록 하면 안 된다는 것이다. 그런 것이 성도들에게 가져다 줄 수 있는 여러 가지 심각한 문제를 정말 깊이 유념해야 한다. 기독교의 어떤 측면을 잘 드러낸 변증가가 기독교의 다른 측면을 무시한다면 그것이 성도들에게 얼마나 큰 해를 미치게 되는지를 생각해 보라.

---

[97] Hans Martensen, *Christian Dogmatics: A Compendium of the Doctrines of Christianity*, trans. William Urwick (Edinburgh: T. & T. Clark, 1874); idem, *Christian Ethics*, vol. 1: *General Part*, trans. C. Spence (Edinburgh : T. & T. Clark, 1800); idem, *Christian Ethics*, vol. 2: *Social Ethics* (Edinburgh: T. & T. Clark, 1899).

[98] 이에 대한 가장 일반적 설명으로 George Rupp, *Culture-Protestantism: German Liberal Theology at the Turn of the Twentieth Century* (Missoula, MO: Scholars Press, 1977).을 보라.

예를 들어서, 20세기 초반에 옥스퍼드 대학교와 캠브리지 대학교의 영문학자로서 온 세상에 대한 변증 목회를 잘 감당했다고 할 수 있는 C. S. 루이스(Clive Staples Lewis, 1898-1963)가 여러 면에서, 특히 회의론자들을 기독교 신앙으로 돌이키게 하는 소위 "회의론자의 사도"(The Apostle to the Skeptics)로서 기독교 변증에 큰 기여를 했음에도 불구하고, 성경의 궁극적 성격에 대해서든지, 구원받는 이들의 범위 문제와 같은 점에서 정통적 기독교의 견해와는 다른 입장을 표한 것이 결과적으로 기독교에 어떤 결과를 미치게 되는지를 생각해 보라.

또한 20세기 정황에서 복음주의 기독교를 대표하여 21세기 복음주의의 대부나 교부로 언급되기도 하는 존 스토트 목사님께서 지옥을 인정하면서도 불신자들이 잘못한 만큼 지옥에서 형벌을 다 받고 나면 그 영혼이 멸절하게 되므로, 나중에는 지옥이 비게 되고 따라서 종국적으로는 지옥이 없어지게 된다는 시사를 한 것이[99] 성도들에게 어떤 영향을 미칠 것인지를 생각해 보라. 우리 시대의 톰 라이트가 우리들은 루터와 같이 오직 믿음으로만 칭의 받는다고 말하지 말아야 하며, 루터같이 말하는

---

99 이에 대해서는 John Stott and David L. Edwards, *Evangelical Essentials: A Liberal-Evangelical Dialogue* (Leicester: InterVarsity, 1988), 313-20을 보라.

것은 바울을 오해해서 그렇게 말하는 것이라고 하는 것이[100] 성도들에게 얼마나 심각한 문제를 일으키는지를 생각해 보라. 성경을 상당히 옹호해서 말하는 톰 라이트가 성경의 어떤 부분은 후대에 덧붙여진 것이라고 말할 때 어떤 결과가 나타나는지를 생각해 보라.

따라서 변증 목회를 한다고 할 때에 가장 중요한 것은 자신이 변증하려는 그 기독교가 과연 성경이 말하는 기독교인지를 심각하게 생각해야만 한다. 우리가 변증하는 기독교가 성경적인 기독교가 아닐 때, 우리의 작업은 결국 교회를 해치는 것이 된다. 따라서 그런 것은 진정한 의미의 변증적 목회가 아닌 것이다.

그러므로 변증 목회에서 제일 중요한 점은 (1) 성경이 말하는 기독교의 바른 모습을 잘 제시하고 그것을 끝까지 견지하는 일이고, (2) 그것을 다수의 성도들과 함께 중생한 이성을 사용해서 같이 유지, 발전시켜 가는 일과 (3) 이 세상 사람들에게 그 기독교의 모습을 오해하지 않게 제시하려고 노력하는 일이라고 할 수 있다.

---

100 톰 라이트의 논의에 대해서는 이승구, 『톰 라이트에 대한 개혁신학의 반응』 (수원: 합신대학원출판부, 2013)을 보라.

V.

결론:

우리 사회 속에서의 변증 목회

우리시대에 우리 사회 속에서 변증 목회를 한다고 할 때 우리들은 어떤 작업을 해야 하는 것인가?

가장 필요한 일은 먼저 쓸데없는 걸림돌을 제거하는 일일 것이다. 사람들이 우리들 때문에 기독교에 다가오기 어렵게 만드는 모든 일이 여기서 말하는 쓸데없는 걸림돌에 해당한다. 소위 기독교인들의 삶이나 발언이 근본적으로 사람들에게서 기독교와 접촉할 기회를 가지지 못하게 하는 것과 같은 것이 이에 해당한다. 이런 걸림돌을 제거할 뿐 아니라 진정한 사랑의 실천을 통해서 다음에 우리가 할 작업을 위한 좋은 토대를 마련해야 할 것이다. 이것이 변증 목회와 다른 바른 목회를 위한 가장 기본적인 정지 작업을 하는 것이 된다.

그리고는 기독교의 진정한 "걸림돌"(skandalon)인 복음을 바르게 제시해야 한다. 변증은 궁극적으로는 복음을 전파하는 일과 관련된 것이기 때문이다. 좋은 변증적 작업을 통해서 어떤 사람들의 마음이 준비된다고 해도 복음이 제대로 전파되지 않는다면 그것은 무의미한 일이기 때문이다. 변증 목회는 결국 복음이 제대로 전달되게 하고, 또 전달되어 믿은 복음을 굳게 지켜나가도록 하는 것이어야 하기 때문이다. 그러므로 변증 목회는 성경을 바르게 해석하고 그대로 믿는 것과 성경에 근거한 바른 세계관에 충실하게 하는 활동을 반드시 포함해야 한다.

이 모든 이야기를 듣고 나서 그러면 변증 목회는 일반적 목회와 무엇이 다른가를 물을 때 근본적으로는 다르지 않다고 하면서, 그러나 변증 목회는 일차적으로 교회 공동체 안에 있는 사람들이 맹목적으로 신앙 생활 하는 것이 아니라 자신들이 무엇을 믿고 무엇을 해야 하는지를 알면서 신앙 생활하도록 하는 것이라는 것과 교회 공동체 밖에 있는 사람들이 믿는 사람들과 교회라는 기관에 의해서 걸려 넘어지게 하지 않고, 그들에게 끊임 없이 복음의 도전을 받게 하는 목회적 작업이라는 말을 하지 않을 수 없다. 그러므로 각각의 교회 공동체가 우리 는 변증 목회를 한다고 노력할 수는 있지만 궁극적으로 이는 모든 교회가 같이 노력해야 하는 공동의 프로젝트 라는 말을 하게 된다. 물론 이 일은 각각의 교회 공동체 가 변증 목회적 작업을 해야 한다는 노력이 있을 때만 수 행되는 공동의 작업이다.

참고 문헌

참고 문헌

Barrs, Jerram. "Francis Schaeffer: The Man and His Message." *Reformation 21.* The Online Magazine of the Alliance of Confessing Evangelicals (November 2006). Available at: https://www.covenantseminary.edu/francis-schaeffer-the-man-and-his-message/

Blamires, Harry. *The Christian Mind: How Should a Christian Think?* London: SPCK, 1963.

Buchnan, Colin O., E. L. Mascall, J. I. Packer, and The Bishop of Willesdem. *Growing into Union: Proposals for forming a united Church in England.* London: SPCK, 1970.

Carnes, Tony. "New York's New Hope." *Christianity Today* (1 December 2004). http://www.ctlibrary.com/ct/ 2004/december/15.32.html.

Colson, Charles & Richard J. Neuhaus. (Eds.) *Evangelicals and Catholics Together: Toward a Common Mission.* Thomas Nelson, 2005.

Dudley-Smith, Timothy *John Stott: A Global Ministry, A Biography of the Later Years.* Downers Grove, IL: Intervarsity Press, 2001.

Duriez, Colin. *Francis Schaeffer: An Authentic Life*. Wheaton, IL: Crossway Books, 2008.

Edgar, William. "Two Christian Warriors: Cornelius Van Til and Francis A. Schaeffer Compared." *Westminster Theological Journal* 57/1 (1995): 57–80.

Edwards, David L. with a Response from John Stott. *Evangelical Essentials: A Liberal Evangelical Dialogue*. Leicester: IVP, 1988.

Eustace, Chantal. "Anglican Congregation Votes to Split over Same–sex Blessings." *The Vancouver Sun* (15 February 2008).

Fudge, Edward and Robert Peterson. *Two Views of Hell: A Biblical & Theological Dialogue*. Downers Grove, IL: InterVarsity Press, 2000.

Green, Michael. *Evangelism Through the Local Church*. London: Hodder and Stoughton, 1990.

Guinness, Os. *Fit Bodies Fat Minds: Why Evangelicals Don't Think and What to do about It*. Grand Rapids: Baker, 1994.

Hankins, Barry. *Francis Schaeffer and the Shaping of Evangelical America*. Grand Rapids: Eerdmans, 2008.

Harris, Horton. *The Tübingen School: A Historical and Theological Investigation of the School of F. C.*

Baur. Grand Rapids, Mich. : Baker Book House, 1990.

Hoekema, Anthony A. *Saved by Grace*. Grand Rapids: Eerdmans, 1989.

Hughes, Philip Edgcumbe. *The True Image: The Origin and Destiny of Man in Christ*. Grand Rapids: Eerdmans and Leicester, UK: Inter−Varsity Press, 1989.

Keller, Tim. *The Reason for God: Belief in an Age of Skepticism*. Dutton Adult, 2008. 권기대 옮김.『살아 있는 신』. 서울: 베가북스, 2010.

_____ . *Counterfeit Gods: The Empty Promises of Money, Sex, and Power, and the Only Hope that Matters*. Dutton Adult, 2009. 이미정 옮김.『거짓 신들의 세상』. 서울: 베가북스, 2012.

_____ . *Generous Justice*.『팀 켈러의 정의란 무엇인가?』최종훈 역. 서울: 두란노, 2012.

Keller and Katherine Leary Alsdorf. *Every Good Endeavor*. 최종훈 옮김.『팀 켈러의 일과 영성』. 서울: 두란노, 2013.

Lee, Seung−Goo. *Kierkegaard on Becoming and Being a Christian*. Zoetermeer: Meinema, 2006.

Martensen, Hans. *Christian Dogmatics: A Compendium of the Doctrines of Christianity*. Trans. William Urwick. Edinburgh: T. & T. Clark, 1874.

_____. *Christian Ethics*. Vol. 1: *General Part*. Trans. C. Spence. Edinburgh : T. & T. Clark, 1800.

_____. *Christian Ethics*. Vol. 2: *Social Ethics*. Edinburgh: T. & T. Clark, 1899.

McGrath, Alister E. *To Know and Serve God: A Life of James I. Packer*. London: Hodder and Stoughton, 1997.

Moreland, J. P. *Love Your God With All Your Mind: The Role of Reason in the Life of the Soul*. Colorado Springs: NavPress, 1997.

Morgan, Christopher W. and Robert A. Peterson. (Eds.) *Hell Under Fire: Modern Scholarship Reinvents Eternal Punishment*. Grand Rapids: Zondervan, 2004.

Morris, Thomas V. *Francis Schaeffer's Apologetics: A Critique*. Grand Rapids: Baker Book House, 1987.

Mow, Richard. *The God who Commands*. Notre Dame: Notre Dame Press, 1990.

Noll, Mark A. *The Scandal of the Evangelical Mind*. Grand Rapids: Eerdmans, 1994.

_____. *Jesus Christ and the Life of the Mind*. Grand Rapids: Eerdmans, 2011.

Packer. J. I. *Fundamentalism and the Word of God*. London: IVP, 1958. 옥한흠 역. 『근본주의와 성경의 권위』. 서울: 한국개혁주의신행협회, 1973.

_____. *Evangelism and the Sovereignty of God.* London: Inter-Varsity Fellowship, 1961.

_____. *Guidelines: Anglican Evangelicals Face the Future.* London, Church Pastoral Aid Society, 1967.

_____. *Knowing God.* Hodder and Stoughton, 1973. Reprinted 1993.

_____. *What did the Cross Achieve? The Logic of Penal Substitution.* Cambridge: Tyndale House, 1973.

_____. *The Evangelical Anglican Identity Problem: An Analysis.* Oxford: Latimer House, 1978.

_____. *Freedom, Authority and Scripture.* Leicester: Inter-Varsity Press, 1982. 이승구 역. 『자유, 권위, 성경』. 서울: 엠마오, 1983.

_____. *Keep In Step With The Spirit: Finding Fullness In Our Walk With God.* F. H. Revell, 1984. Reprinted, 2005.

_____. "Good Pagans and God's Kingdom." *Christianity Today* 17 (17 January 1986): 22-25.

_____. *Among God's Giants: Aspects of Puritan Christianity.* Eastbourne: Kingsway Communications, 1991=*A Quest for Godliness: The Puritan Vision of the Christian Life.* Crossway Books, 1994.

_____. *Decisions: Finding God's Will: 6 Studies for*

Individuals or Groups. Leicester: InterVarsity Press, 1996.

_____. *Life in the Spirit*. London: Hodder & Stoughton, 1996.

_____. *Truth & Power: The Place of Scripture in the Christian Life*. Wheaton, Ill.: H. Shaw Publishers, 1996.

_____. "The Problem of Eternal Punishment." In *The J. I. Packer Collection*, 210-26. Downers Grove, Ill.: IVP, 2000.

_____. *Divine Sovereignty and Human Responsibility*. Pensacola, FL: Chapel Library, 2002.

_____ with Roger T Beckwith. *The Thirty-nine Articles: Their Place and Use Today*. Oxford: Latimer House, 1984.

_____ and Alan Stibbs. *The Spirit Within You: The Church's Neglected Possession*. 1979. 이승구 옮김. 『그리스도인 안에 계신 성령』. 서울: 웨스트민스터 출판부, 1996.

Payne, Don J. *The Theology of the Christian Life in J. I. Packer's Thought: Theological Anthropology, Theological Method, and the Doctrine of Sanctification*. Colorado Springs: Paternoster, 2006.

Pearcey, Nancy. *Total Truth: Liberating Christianity*

from Its Cultural Captivity. (Wheaton, IL: Crossway Books, 2004.

Pelikan, Jarolav. *The Christian Tradition: A History of the Development of Doctrine.* Vol. 1: *The Emergence of the Catholic Tradition (100-600).* Chicago & London: The University of Chicago Press, 1971.

Peterson, Robert A. *Hell on Trial: The Case for Eternal Punishment.* Philipsburg, NJ: P&R Publishing, 1995.

Pfleiderer, Otto *Paulinism: A Contribution to the History of Primitive Christian Theology.* Vol. 1: *Exposition on Paul's Doctrine.* Trans. Edward Peters. London & Edinburgh: Williams and Norgate, 1877.

_____. Vol. 2: *The History of Paulism in the Primitive Church.* London& Edinburgh: Williams and Norgate, 1877.

_____. *The Philosophy of Religion on the Basis of Its History.* 4 Vols. London & Edinburgh: Williams and Norgate, 1886-1894.

_____. *Lectures on the Influence of the Apostle Paul on the Development of Christianity.* London and Edinburgh: Williams and Norgate, 1885.

_____. *The Development of Theology in Germany since*

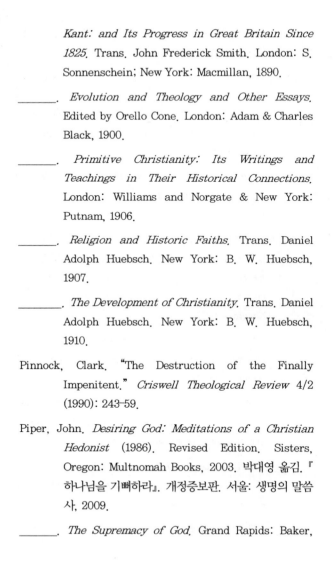

Kant: and Its Progress in Great Britain Since 1825. Trans. John Frederick Smith. London: S. Sonnenschein; New York: Macmillan, 1890.

_____. *Evolution and Theology and Other Essays.* Edited by Orello Cone. London: Adam & Charles Black, 1900.

_____. *Primitive Christianity: Its Writings and Teachings in Their Historical Connections.* London: Williams and Norgate & New York: Putnam, 1906.

_____. *Religion and Historic Faiths.* Trans. Daniel Adolph Huebsch. New York: B. W. Huebsch, 1907.

_____. *The Development of Christianity.* Trans. Daniel Adolph Huebsch. New York: B. W. Huebsch, 1910.

Pinnock, Clark. "The Destruction of the Finally Impenitent." *Criswell Theological Review* 4/2 (1990): 243-59.

Piper, John. *Desiring God: Meditations of a Christian Hedonist* (1986). Revised Edition. Sisters, Oregon: Multnomah Books, 2003. 박대영 옮김. 『하나님을 기뻐하라』. 개정증보판. 서울: 생명의 말씀사, 2009.

_____. *The Supremacy of God.* Grand Rapids: Baker,

1990.

_____. *The Justification of God.* Grand Rapids: Baker, 1993.

_____. *The Purifying Power of Living by Faith in Future Grace.* Sisters, Oregon: Multnomah Books, 1995.

_____. *The Future of Justification.* Wheaton, Ill.: Crossway, 1997.

_____. *A God-ward Life.* 2 Vols. Sisters, Oregon: Multnomah Books, 1997, 1999.

_____. *A Hunger for God.* Wheaton, Ill.: Crossway, 1997.

_____. *The Pleasure of God: Meditations of God's Delight in Being God.* Sisters, Oregon: Multnomah Books, 2000.

_____. *Counted Righteousness in Christ.* Wheaton, Ill.: Crossway, 2002.

_____. *Let the Nations be God: The Supremacy of God in Mission.* 2nd Revised and Expanded Edition. Grand Rapids: Baker, 2003.

_____. *Think: The Life of the Mind and the Love of God.* Wheaton, Illinois: Crossway Books, 2010. 전의우 옮김. 『존 파이퍼의 생각하라』. 서울: IVP, 2011.

_____. *Doctrine Matters.* Minneapolis, MN, 2013. 오현미 옮김. 『독트린 매터스』. 서울: 복 있는 사람, 2014.

Ramm, Bernard. *Beyond Fundamentalism: The Future of Evangelical Theology.* San Francisco: Harper and Row, 1983.

Roach, William and Norman Geisler. "Misinterpreting J. I. Packer on Inerrancy and Hermeneutics." Available at: https://defendinginerrancy.com/misinterpreting-j-i-packer-on-inerrancy-and-hermeneutics/

Rupp, George. *Culture-Protestantism: German Liberal Theology at the Turn of the Twentieth Century.* Missoula, MO: Scholars Press, 1977.

Schaeffer, Edith. *The Tapestry.* Waco, TX: Word Books, 1981.

_____. 『이디스 쉐퍼의 라브리 이야기』. 양혜원 옮김. 서울: 홍성사, 2001.

Schaeffer, Francis A. Schaeffer. *Two Contents, Two Realities* (1974). In *A Complete Works of Francis A. Schaeffer: A Christian World View.* Vol. 3: *A Christian View of Spirituality,* 403-27. Westchester, IL: Crossway Books, 1982.

_____. *The Great Evangelical Disaster* (1984). In *A Complete Works of Francis A. Schaeffer: A Christian World View.* Vol. 4: *A Christian View of the Church,* 301-424. Wheaton, Ill.: Crossway Books, 1985.

Sire, James W. *Habits of the Mind: Intellectual Life as a Christian Calling.* Downers Grove, IL: IVP, 2000.

Stott, John R. W. *Christian Mission in the Modern World.* London: Falcon Books, 1975. 김명혁 옮김. 『현대 기독교 선교』. 서울 성광문화사, 1981.

_____. *Baptism & Fullness: The Work of the Holy Spirit Today.* Downers Grove, IL: Inter Varsity Press, 1976. 조병수 옮김. 『성령 세례와 성령 충만』. 개정 증보판. 서울: 개혁주의신행협회, 2001.

_____ and David L. Edwards. *Evangelical Essentials: A Liberal-Evangelical Dialogue.* Leicester: InterVarsity, 1988.

Veith, Jr., Gene Edwards. *Loving God With All Your Mind: Thinking as a Christian in the Postmodern World.* Revised Edition. Wheaton, IL; Crossway, 2003.

Warfield, Benjamin B. "The Religious Life of Theological Students." In *The Princeton Theology.* (Ed.) Mark Noll. Grand Rapids: Baker, 1983.

Wenham, John. *The Goodness of God.* London: InterVarsity Press, 1974.

_____. "The Case for Conditional Immortality." In N. M. S. Cameron. (Ed.) *Universalism and the Doctrine of Hell.* Grand Rapids: Baker Book House, 1992.

_____. *The Enigma of Evil.* Leicester: InterVarsity

Press, 1985, A New Edition with an Extended Chapter on the Debate. Guilford, England: Eagle Books, 1994.

_____. *Facing Hell: An Autobiography 1913-1996*. Paternoster Press, 1998.

Williams, Clifford. *The Life of the Mind: A Christian Perspective*. Grand Rapids: Baker Academic, 2002.

Wolterstorff, Nicholas. "Thinking with Your Hands." *Books and Culture* (March/April 2009): 30.

Zeller, Eduard. *David Friedrich Strauss in His Life and Writings*. London: Smith, Elder, 1874.

이상원. 『프란시스 쉐퍼의 기독교 변증』. 서울: 세상 바로보기, 2021.

이승구. "바울의 복음 이해와 전도 태도". 이승구, 『개혁신학에의 한 탐구』, 337-41. 서울: 웨스트민스터출판부, 1995.

_____. "복음주의". 『개혁신학탐구』. 수원: 합신대학원출판부, 2010.

_____. 『전환기의 개혁신학』. 서울: 이레서원, 2008.

_____. 『광장의 신학』. 수원: 합신대학원 출판부, 2010.

_____. 『톰 라이트에 대한 개혁신학의 반응』. 수원: 합신대학원출판부, 2013.

_____. 『우리 이웃의 신학들』. 서울: 나눔과 섬김, 2014.

_____. 『성경신학과 조직신학』. 서울: SFC, 2018.

_____. 『데이비드 웰스와 함께 하는 하루』. 서울: 말씀과 언약, 2021.

주도홍. 프란시스 쉐퍼의 생애와 영성"(https://blog.daum. net/bjc3028/7209639)

_____. "쉐퍼의 '아름다운' 영성 이해". 「한국개혁신학」 9 (2001): 107-30.

저자 소개

이 책을 지은이는 개혁신학을 전문적으로 연구하는 이로서 현재 합동신학대학원대학교 조직신학 교수로 있다. 총신대학교 기독교 교육과를 졸업하고(B. A.), 서울대학교 대학원에서 윤리학과 가치 교육에 관한 논문으로 석사 학위를 취득하고(M. A. in Education), 합동신학원을 졸업하였으며(M. Div.), 영국 The University of St. Andrews 신학부에서 연구(research)에 의한 신학 석사(M. Phil., 1985) 학위와 신학 박사(Ph. D., 1990)를 취득하였고, 미국 Yale University Divinity School에서 연구원(Research Fellow)으로 있다가(1990-1992) 귀국하여, 한국 웨스트민스터신학원(1992-1999)과 국제신학대학원대학교(1999-2009)에서 조직신학 교수, 부총장 등을 역임한 후 지금은 합동신학대학원대학교의 조직신학 교수로 있다.

그 동안 한국장로교신학회, 한국개혁신학회 회장, 한국복음주의신학회 회장 등을 역임하였으며, 다음 같은 책을 내었다.

- 『현대 영국 신학자들과의 대담』(대담 및 편집). 서울: 엠마오, 1992.

- *Kierkegaard and Barth*. Seoul: The Westminster Theological Press, 1994.

- 『개혁신학에의 한 탐구』. 서울: 웨스트민스터 출판부, 1995,

재판, 2004.

- 『교회론 강설: 교회란 무엇인가?』. 서울: 여수룬, 1996, 2
판, 2002. 개정판. 서울: 나눔과 섬김, 2010. 4쇄, 2016. 재
개정판. 서울: 말씀과 언약, 2020.

- 『진정한 기독교적 위로』. 하이델베르크 요리문답 강해 1. 서
울: 여수룬, 1998, 2002. 개정판. 서울: 나눔과 섬김, 2011.
3쇄, 2015. 재개정판. 말씀과 언약, 2020.

- 『성령의 위로와 교회』. 하이델베르크 요리문답 강해 2. 서
울: 이레서원, 2001. 2쇄, 2003, 개정판, 2009. 개정 3쇄,
2015. 재개정판. 말씀과 언약, 2020.

- 『인간 복제: 그 위험한 도전』. 서울: 예영, 2003. 개정판,
2006.

- 『기독교 세계관이란 무엇인가』. 서울: SFC, 2003, 개정판 5
쇄, 2009. 재개정, 2014, 2016.

- 『기독교 세계관으로 바라보는 21세기 한국 사회와 교회』.
서울: SFC, 2005. 2쇄, 2008. 5쇄, 2016. 개정판. 서울:
CCP, 2018.

- 『사도신경』. 서울: SFC, 2005, 개정판, 2009. 재개정판,
2013. 2쇄, 2015. 3쇄, 2022.

- *Kierkegaard on Becoming and Being a Christian.*
Zoetermeer: Meinema, 2006.

- 『21세기 개혁신학의 동향』. 서울: SFC, 2005, 2쇄, 2008.
개정판, 서울: CCP, 2018.

- 『한국 교회가 나아갈 길』. 서울: SFC, 2007, 2011. 개정판, 서울: CCP, 2018.

- 『코넬리우스 반틸』. 서울: 도서출판 살림, 2007, 2012.

- 『전환기의 개혁신학』. 서울: 이레서원, 2008, 2쇄. 3쇄, 2016.

- 『광장의 신학』. 수원: 합신대학원출판부, 2010. 2쇄, 2010.

- 『우리 사회 속의 기독교』. 서울: 도서출판 나눔과 섬김, 2010. 2쇄, 2010.

- 『개혁신학 탐구』. 서울: 하나, 1999. 2쇄, 2001. 개정판, 수원: 합신대학원출판부, 2012, 2022.

- 『톰 라이트에 대한 개혁신학적 반응』. 수원: 합신대학원 출판부, 2013. 2쇄, 2013.

- 『거짓과 분별』. 서울: 예책, 2014.

- 『우리 이웃의 신학들』. 서울: 도서출판 나눔과 섬김, 2014. 2쇄, 2015.

- 『위로 받은 성도의 삶』. 하이델베르크 요리문답 강해 3. 서울: 나눔과 섬김, 2015. 개정판, 서울: 말씀과 언약, 2020.

- 『묵상과 기도, 생각과 실천』. 서울: 도서출판 나눔과 섬김, 2015.

    e-book으로 발간된 개정판, 말씀과 언약, 2023.

- 『성경신학과 조직신학』. 서울: SFC, 2018.

- 『하나님께 아룁니다: 감사의 최고 표현인 기도』. 하이델베르크 요리문답 강해 4. 서울: 말씀과 언약, 2020.

- 『데이비드 웰스와 함께 하는 하루』. 서울: 말씀과 언약, 2020.

- 『교회, 그 그리운 이름』. 서울: 말씀과 언약, 2021.

- 『성경적 종말론과 하나님 나라 백성의 삶』. 서울: 말씀과 언약, 2021.

- 『1세기 야고보 오늘을 말하다』. 서울: 말씀과 언약, 2022.

  외 다수

* 이승구 교수의 번역선

1. Lee, Francis Nigel. *The Origin and Destiny of Man*. 『성경에서 본 인간』. 서울: 엠마오, 1984. 개정역. 도서출판 토라, 2006.

2. Ladd, George Eldon. *The Last Things*. 『마지막에 될 일들』. 서울: 엠마오, 1984. 개정역. 서울: 이레서원, 2000. 재개정. 『조지 래드의 종말론 강의』. 서울: 이레서원, 2017.

3. Harper, Norman E. *Makes Disciples!* 『그리스도의 제자 만드는 기독교 교육』. 서울: 엠마오, 1985. 개정역. 도서출판 토라, 2005.

4. Van Til, Cornelius. *The Reformed Pastor and Modern Thought.* 『개혁신앙과 현대사상』. 서울: 엠마오, 1984. 개정역. 서울: SFC, 2009.

5. Holmes, Arthur. *The Contours of a Word View.* 『기독교 세계관』. 서울: 엠마오, 1985. 개정역. 서울: 솔로몬, 2017.

6. Webber, Robert E. *The Secular Saints.* 『기독교 문화관』. 서울: 엠마오, 1985. 개정역. 서울: 토라, 2008.

7. Packer, J. I. 『자유 권위 성경』. 서울: 엠마오, 1985.

8. Vos, Geerhardus. *Biblical Theology.* 『성경신학』. 서울: 기독교문서선교회(CLC), 1985. 개정역, 2000. 2쇄, 2011. 3쇄. 2013.

9. Bloesch, Donald, *The Ground of Certainty.* 『신학서론』. 서울: 엠마오, 1986.

10. Morris, Leon. *The Cross of the New Testament.* 『신약의 십자가』. 서울: CLC, 1987.

11. Vos, G. *The Self-disclosure of Jesus.* 『예수의 자기계시』. 서울: 엠마오, 1987. 개정역. 서울: 그 나라 출판사, 2014.

12. Vos, G. 『바울의 종말론』. 오광만 교수와의 공역. 서울: 엠마오, 1988.

13. Bavinck, Herman. *The Doctrine of God.* 『개혁주의 신론』. 서울: 기독교문서선교회 (CLC), 1988.

14. Bockmuel, Klaus. 『복음주의 사회 윤리』. 서울: 엠마오, 1988.

15. Yandell, K. E. Christianity and Philosophy. 『기독교와 철학』. 서울: 엠마오, 1988. 개정역. 서울: 이컴비즈니스, 2007.

16. Reymond, Robert. 『개혁주의 변증학』. 서울: CLC, 1989.

17. Noll, Mark and David Wells. (Eds.) 『포스트모던 시대의 기독교 신학과 신앙』. 서울: 엠마오, 1992.

18. Wells, David. *The Person of Christ.* 『그리스도는 누구신가?』. 서울: 엠마오, 1992. 개정역. 토라, 2008. 재개정역. 서울: 부흥과 개혁사, 2015.

19. Van Til, Cornelius. *Introduction to Systematic Theology.* 『개혁주의 신학 서론』. 서울: CLC, 1995. 강웅산과의 개정역. 서울: 크리스챤, 2009.

20. Stibbs, A. M. and J. I. Packer. *The Spirit within You.* Grand Rapids: Baker Book House, 1967. 『그리스도인 안에 계신 성령』. 서울: 웨스트민스터 출판부, 1996.

21. Clark, Kelly J. *The Return to Reason.* 『이성에로의 복귀』. 서울: 엠마오, 1998.

22. Philips, Timothy R. and Dennis L. Ockolm. (Eds.) *Four Views on Pluralism.* 『다원주의 논쟁』. 서울: 기독교문서선교회(CLC), 2000.

23. Melanchthon, Philip. *Loci Communes*. 『신학총론 (최종판)』. 세계기독교고전 39. 고양: 크리스찬다이제스트, 2000.

24. Helm, Paul. *The Providence of God*. 『하나님의 섭리』. 서울: IVP, 2004.

25. Klooster, Fred H. *A Mighty Comfort*. 『하나님의 강력한 위로』. 프레드 H. 클로스터. 개정역. 도서출판 토라, 2004. 개정, 서울: 나눔과 섬김, 2014. 재개정역. 서울: 개혁, 2021.

26. Morris, Leon. *The Cross of Jesus*. 조호영과 공역. 『그리스도의 십자가』 서울: 토라, 2007. 개정역. 서울: 바이블리더스, 2007.

27. Berkouwer, G. C. *The Church*. 나용화 교수와 공역. 『개혁주의 교회론』. 서울: 기독교문서선교회, 2008.

28. Hesselink, John. *Calvin's First Catechism: A Commentary. Kentucky*: Westminster/John Knox Press, 1997. 조호영과 공역. 『칼빈의 제1차 신앙교육서: 그 본문과 신학적 해설』. 서울: CLC, 2019.

29. Shelderhuis, Herman. *On Death*. 『우리는 항상 죽음을 향해 가고 있다』. 수원: 합신대학원출판부, 2019.